はじめに

　英語教育の改革が進められています（　　　　　　　　　　）、学習指導要領が改訂され、小学校外国語活□□□□□□□□□□するよう早期化、さらに高学年（5・6年生）□□□□□□□□□□創設され、教科化されました。小学校における英語□□□□的に始動することとなりました。

　ここまでの道のりで、平成4年に、大阪の地に「研究開発校（英語活動）」として、2校の小学校が指定を受け、本格的な研究が始められてから、ここまで、約25年、四半世紀という時間を要しました。

　小学校、中学校、高等学校、そして大学まで、外国語教育の主要な地位を「英語」という言語が占めることとなります。これから、この地球上で生起するであろう事は、誰しも正確に予見することはできないでしょう。しかし、人間は「ことば」をもった、そしてそれを駆使して他者と意思疎通しながら、他者を理解し、また、その過程で、時として、自分自身をも深く理解することのできる能力をももちえた生き物です。それによってこの地上で、また、来たるべき将来は、宇宙であるかもしれませんが、他者と共に生きる、共生するすべ（術）を生まれながらに有しているのだと思います。

　誰から与えられたものか定かではないのですが、この「言語」、それも、外国語を学ぶということは、誠に貴重であり、必要なことであると思います。ある人に、「外国語を学ばなくなった民族は亡びる」とまで言わしめたものは、人間の本質に深くかかわるものであるかもしれません。

　本書は、この時期、小学校英語の早期化、教科化に向けて、準備に余念のない学校現場、さらに、これから将来、小学校の教員になることを目指している学生の皆さんを対象にしたためました。

　本書の概要を齋藤が、そして理論面は、主に宮城教育大学の鈴木渉先生に、実践面は、香川県直島町で昭和63年（1988年）に町が独自にALTを配置して、前述の大阪に研究開発校が指定を受ける以前から、小学校からの英語指導に取り組まれております香川大学教育学部非常勤講師の濵中紀子先生に執筆をお願

いいたしました。

　さらに、学校全体として、外国語活動にどう取り組むか、また、その研修については、現在の直島小学校長三木正英先生、元同小学校教頭で現在、香川大学教職大学院教授の植田和也先生、香川県教育センター主任指導主事の山下美紀先生にお願いし、最後に、中学校の英語教師の立場から、小学校英語に対する期待を観音寺市立豊浜中学校の大西範英先生が執筆してくださいました。

　本書は、小冊子でありながら小学校英語の歴史や改訂学習指導要領の要点などをまとめ、さらに、具体の指導法についても、特に文字指導や読むことの指導については、その根本となる考え方や方法についても、ひとつのものにしぼることなく、それぞれの先生方がおかれた場所、環境、子どもたちの様子をかんがみて工夫していただける際の参考になるものとしております。

平成29年8月吉日
晴天の続く高松の空の下にて！

齋藤　嘉則

目　　次

第1章　理　論　編

I　本当は、古くて新しい小学校英語〜実は古い!小学校英語の歴史〜

　日本における小学校英語の歴史は古い。まず、その源流は英学、それ以前には蘭学があった。蘭学を学ぶ様子が紹介されているものに、司馬遼太郎の「花神」がある。主人公は、村田蔵六、のちの大村益次郎である。大阪にあった緒方洪庵の適塾に入塾してオランダ語を学ぶ様子が描かれている。一冊の蘭和辞典を書き写すことから始まり文法書で文法を学び定期的に行なわれる「輪講」で蘭語文献を和訳する。その成績により蘭語の習得の進み具合を確認する。何か修行に取り組むような蘭学徒の姿が描かれている。その後、英学が普及するが、その背景は、日米修好通商条約締結、米国とかかわり、さらに、当時の英国、米国の国際的な立場、国力に起因していることは疑いない。

1　はじめに

　伊村元道（2003）は、「日本の英語教育200年」で、小学校英語について次のように書き記している。

　平成14年（2002）年度から「総合的な学習の時間」が設けられて、公立の小学校でも英語を教えることが可能になった。公立小学校で英語を教えるのは歴史始まって以来、とでも言わんばかりの騒ぎようであるが、それはとんでもない誤解である。英語といえば一部の附属学校や私立学校を除けば中学校から始めるものと思われてきたための誤解である。たとえ全国一律ではなくとも、公立小学校でも明治以来戦後の6・3制の発足直前まで、60年以上にもわたって、英語が教えられてきたという事実はとかく忘れがちである。何種類もの検定教科書さえあったと聞けば驚く人も多いであろう。

と書き記している。その後、第二次世界大戦を経て、戦後の高度経済成長時代を迎える。貿易立国として日本が世界の中でその存在感を増すにしたがい英語でのコミュニケーションの必要性が高まり、日本のみならず、世界的にもさま

ざまな面で、所謂、グローバル化が進む中、英語は、「国際共通語」として、その有用性を増していく。日本においては、「英語が使える日本人の育成のための行動計画」（2002）が明らかにされる。その背景には、「英語を話せる」人材の必要性を訴える声が、特に、経済界等から日増しに強くなってきていた。しかし、中学校以降の英語教育では十分に成果が上がっていないという批判もあり、英語教育に関するさまざまな議論が交わされる過程で、小学校段階からの英語の指導を望む声がにわかに高まった。

2　研究開発校の指定

　ことの始まりは、1986年（昭和61年）、臨時教育審議会第二次答申に「英語教育の開始時期についても検討する」との文言が入り、それまで中学校以降で行われていた英語（外国語）教育を小学校段階で行うことに関する議論が公に行なわれた。その後、1991年（平成３年）、文部省初等中等教育局長の私的諮問機関である「外国語教育の改善に関する調査研究協力者会議」のテーマのひとつとして、「外国語教育の開始時期の検討」が盛り込まれ、小学校段階での英語教育についての議論が実際に始まった。

　1992年（平成４年）、文部省から「研究開発校（英語活動）」として、大阪市立真田山小学校と大阪市立味原小学校が、ともに指定を受け、平成６年11月に研究発表会を行っている。

　大阪市立味原小学校のホームページには、現在（平成29年５月現在）でも、

　味原小学校は、全国に先駆けて、平成４年に当時の文部省から３年間の指定を受け、「小学校における英語教育」の研究に取り組みました。以来25年間、一貫して「英語活動」に取り組んでいます。この間、様々な学習内容や、時間配当を工夫し、平成27年度には、学芸会で英語劇「西遊記」を行ったり、卒業式では「別れの言葉」の一部を英語で呼びかけたりするなど、その成果をいろいろな場で発表しました。新学習指導要領が本格実施の平成23年度は、１年〜６年まで、各学年ともに週当たり１時間を「英語活動」に配当しています。特に５年生では、学習した英語を使って外国の方にインタビューするなど、一人一人の児童がより英語に親しみ、実際に英語を使った活動を体験できるように工夫しています。また、金曜日の朝には英語集会を開き、楽しいゲームや歌等の活動を通して英語に親しんでいます。

との記述があり、研究指定を受け現在に至るまでの学校の様子が記されている。

　この研究開発校は、1996年（平成8年）には全都道府県に1校ずつ指定され、これらの学校を中心に全国各地の小学校現場で国際理解教育の一環としての小学校英語活動が徐々に広がっていく。しかし、当時、小学校においては研究開発校などの特別の場合を除いて、英語活動を行う時数を一定以上確保することには課題が伴ったといわれている。

3　「総合的な学習の時間」の創設と外国語活動の必修化

　1998年（平成10年）に、2002年から実施される小学校学習指導要領が告示され、創設された「総合的な学習の時間」の中の国際理解教育の一環として「外国語会話等」が導入される。このことにより、小学校3年生以降で英語活動を行うための時数の確保ができる状況となり、移行期間を含めこのころから小学校英語が徐々に広がりをみせるようになる。同時に、中学校外国語科（英語）も選択教科であったものが必修教科となることが、このときに同じく告示された中学校学習指導要領に明記された。

　平成10年12月14日、文部省告示第175号として、改訂された小学校学習指導要領が示された。「第1章総則」の構成を確認すると、

　　第1　教育課程編成の一般方針
　　第2　内容等の取扱いに関する共通的事項
　　第3　総合的な学習の時間の取扱い
　　第4　授業時数等の取扱い
　　第5　指導計画の作成等に当たって配慮すべき事項

とで構成されている。「第3」に創設された「総合的な学習の時間」についての記述をここで確認する。

第3　総合的な学習の時間の取扱い

　1　総合的な学習の時間においては、各学校は、地域や学校、児童の実態等に応じて、横断的・総合的な学習や児童の興味・関心等に基づく学習など創意工夫を生かした教育活動を行うものとする。

2　総合的な学習の時間においては、次のようなねらいをもって指導を行う
　ものとする。

(1)　自ら課題を見付け、自ら学び、自ら考え、主体的に判断し、よりよく問
　題を解決する資質や能力を育てること。

(2)　学び方やものの考え方を身に付け、問題の解決や探究活動に主体的、創
　造的に取り組む態度を育て、自己の生き方を考えることができるようにす
　ること。

3　各学校においては、2に示すねらいを踏まえ、例えば国際理解、情報、
　環境・福祉などの横断的・総合的な課題、児童の興味関心に基づく課題、
　地域や学校の特色に応じた課題などについて、学校の実態に応じた学習活
　動を行うものとする。

4　各学校における総合的な学習の時間の名称については、各学校において
　適切に定めるものとする。

5　総合的な学習の時間の学習活動を行うに当たっては、次の事項に配慮す
　るものとする。

(1)　自然体験やボランティア活動などの社会体験、観察・実験、見学や調査、
　発表や討論、ものづくりや生産活動など体験的な学習、問題解決的な学習
　を積極的に取り入れること。

(2)　グループ学習や異年齢集団による学習などの多彩な学習形態、地域の
　人々の協力も得つつ全教師が一体となって指導に当たるなどの指導体制、
　地域の教材や学習環境の積極的な活用などについて工夫すること。

(3)　国際理解に関する学習の一環としての外国語会話等を行うときは、学校
　の実態等に応じ、児童が外国語に触れたり、外国の生活や文化などに慣れ
　親しんだりするなど小学校段階にふさわしい体験的な学習が行われるよう
　にすること。（下線は筆者による）

との記述があり、臨時教育審議会第二次答申にある「英語教育の開始時期につ
いても検討する」ことが実際に、小学校の教育課程上に「外国語会話等」とい
う学習活動を行うことを可能とした。さらに、小学校学習指導要領解説書総則
編には、

　小学校での外国語に関する学習は、これまでクラブ活動の時間などで行われてきた。総合的な学習の時間の創設に伴い、地域や学校の実態等に応じて、この時間に外国語会話等を行う場合は、<u>あくまでも国際理解教育の一環として、中学校の外国語教育の前倒しではなく、児童が外国語に触れたり外国の生活・文化に慣れ親しむような小学校段階にふさわしい体験的な学習を行う</u>ようにすることが大切である。

　具体的な学習活動としては、小学校段階にふさわしい歌、ゲーム、簡単な挨拶やスキット、ごっこ遊びなど音声を使った体験的な活動、作品交換や姉妹校交流など外国の子供たちとの交流活動、ネイティブスピーカーなどとの触れ合いなどを積極的に取り入れ、外国語に慣れ親しませることや外国の生活・文化に触れ、興味・関心を持たせるようにすることなどが考えられる。

　（下線は筆者による）

　などとの記述があり、国際理解教育の一環として中学校の外国語教育の前倒しではなく、児童が国際理解教育の過程で外国語に触れることを求めている。また、外国語に触れることによって外国の生活や文化についての理解が深まるという場合もあり、その在り様は、それぞれの地域や学校の実態に応じて工夫されることとなった。

　「外国語会話等」が導入されたとはいえ、小学校で行われる英語の指導は、多くの場合「総合的な学習の時間」の中での国際理解教育の一環に過ぎなかった。しかしながら、保護者の小学校に対する英語教育の要望は強く、文部科学省が行なった調査によれば、「小学校で英語教育を必修とすべきか」という項目に対して、小学校の保護者の約7割が「そう思う」と回答している。こうした保護者のニーズに背中を押されたかたちで、または、香川県直島町にみられるように自治体首長等のリーダーシップにより、英語の指導を開始していた小学校が多いと思われる。

　そのような経過をたどり、2000年（平成12年）度、外国語活動が必修となり、現行小学校学習指導要領が完全実施され、移行期間までに外国語活動を行っていなかった小学校においても外国語活動が実施されるようになった。

4　「臨界期仮説」について!

　一方では、小学校英語に対しては、「英語教育よりも日本語教育を充実させるべきである」とか、「小学校で英語を行っても、大きな成果は見込めない（むしろ弊害がある）」とか、「小学校英語を行う準備が十分ではない」などの反対意見が一部の研究者などから表明された。

　その議論の根拠として「臨界期仮説」がある。年齢が外国語学習、外国語習得に非常に大きな影響をあたえている、という事実は第二言語習得研究で広く認められている。学習を始める年齢によって、学習が成功する確率が大きく変わってくるということである。「臨界期仮説」という考え方は、外国語学習には、臨界期、すなわちその時期を過ぎると学習が不可能になる期間がある、という仮説である。そしてこの臨界期とは思春期のはじまり（12、13歳）までで、その時期を過ぎるとネイティブのような言語能力を身に付けることが不可能になる、というものである。しかし、学習年齢が外国語学習の成否に強い影響をあたえる、ということについては研究者の間で意見が一致しているものの、この様な「臨界期」というものが実際にあるのか、またあるとすれば、それが何歳ぐらいなのか、ということについてはまだ研究者の間で合意がない。

　平成29年３月告示の小学校学習指導要領においては、「小学校外国語活動」が中学年（３、４年生）に早期化され、「小学校外国語科」が高学年（５、６年生）において、教科化された。ここに及んで、国語教育を含めた言語教育として総合的な枠組みの整理や、教員研修などのさまざまな条件整備、小学校英語指導の成果の確認等、これから取り組まなければならない課題は多々あり、文部科学省、自治体、教育委員会や学校が協働してこれらの課題に取り組んでいくことが求められている。

5　まとめ

　おわりにここで、臨教審第二次答申以降の主に小学校英語にかかわる出来事を時系列に年表にまとめてみたので参考にされたい。

表：小学校英語関係事項年表

年度	小学校英語に関する主な動き
昭和61年 (1986)	臨時教育審議会第二次答申に「英語教育の開始時期についても検討する」という文言が入る。
平成4年 (1992)	「国際理解教育の一環としての英語教育」を実験的に導入。研究開発校として大阪の公立小学校2校が指定校となる。 大阪市立真田山小学校、大阪市立味原小学校
平成8年 (1996)	全都道府県に1校ずつ、47の研究開発校が指定される。
平成10年 (1998)	2002年度から実施の、小中学習指導要領が告示され、全国の小学校で「総合的な学習の時間」の中で、「外国語会話等」を実施することが可能になる。
平成12年 (2000)	公立小学校3校が「英語科」として研究開発校の指定を受ける。
平成14年 (2002)	小学習指導要領が完全実施され、全国で「総合的な学習の時間」において国際理解教育の一環として「外国語会話等」が導入される。 文科省の「『英語が使える日本人』の育成のための戦略構想：英語力・国語力増進プラン」が発表される。
平成18年 (2006)	中教審外国語専門部会の審議経過報告で、高学年での週1時間程度の英語教育が提案される。
平成20年 (2008)	2011年から実施の小中学習指導要領告示に伴い、「外国語活動」が高学年から週1時間「教科」ではなく「領域」として必修化される。
平成21年 (2009)	共通教材『英語ノート』配布、移行措置として「外国語活動」が開始される。
平成23年 (2011)	「外国語活動」が必修化され、高学年で週1時間本格実施される。
平成24年 (2012)	『英語ノート』に代わる新共通教材『Hi, friends !』が配布される。
平成25年 (2013)	5月28日の教育再生実行会議において、「これからの大学教育等の在り方について（第三次提言）」が安倍首相に提出され、その中に「小学校の英語学習の抜本的拡充（実施学年の早期化、教科化、指導時間増、専任教員の配置等）」も含まれる。さらには、「中学校における英語による英語授業実施についての検討」も盛り込まれた。

	10月23日、読売新聞に「文部科学省は、次の学習指導要領の改訂において、英語の開始時期を小学校3年生から週1〜2回、5・6年生では教科化及び週3回の実施を想定し、基本的な読み書きなど中学校の学習内容を一部取り入れるとする方針を固めた」とする記事が掲載される。
	10月25日、下村文部科学大臣が、文科省の定例記者会見で「今年の6月から英語教育に関する検討チームを立ち上げ、小学校から高校までの英語教育のあり方について検討を進めている」と発言する。
	12月13日「グローバル化に対応した英語教育改革実施計画」 初等中等教育段階からグローバル化に対応した教育環境づくりを進めるため、小学校における英語教育の拡充強化、中・高等学校における英語教育の高度化など、小・中・高等学校を通じた英語教育全体の抜本的充実を図る。2020年（平成32年）の東京オリンピック・パラリンピックを見据え、新たな英語教育が本格展開できるように、本計画に基づき体制整備を含め2014年度から逐次改革を推進する。
平成26年 （2014）	2月4日、「英語教育の在り方に関する有識者会議」開催 検討内容、(1)英語教育に関する現状の成果と課題、(2)小中高を通じた英語教育の目標、内容及び評価、(3)小学校における英語教育の在り方、(4)今後の英語教育における教材の在り方、(5)今後の英語教育における指導体制の在り方
	11月20日、文部科学大臣、中央教育審議会に「初等中等教育における教育課程の基準等の在り方について」を諮問
平成27年 （2015）	8月26日、中央教育審議会「教育課程企画特別部会における論点整理について（報告）」公表
平成28年 （2016）	8月26日、中央教育審議会教育課程部会「言語能力の向上に関する特別チームにおける審議の取りまとめ（報告）」「外国語ワーキンググループにおける審議の取りまとめ（報告）」公表
	12月21日、中央教育審議会「幼稚園、小学校、中学校、高等学校及び特別支援学校の学習指導要領等の改善及び必要な方策等について（答申）」を答申
平成29年 （2017）	3月31日、幼稚園教育要領、小学校学習指導要領、中学校学習指導要領告示

<参考・引用文献>

伊村元道（2003）「13　小学校英語の歴史は古い」『日本の英語教育200年』（233頁）東京：大修館書店.

白井恭弘（2008）『外国語学習の科学—第二言語習得論とは何か』東京：岩波書店.

文部省（1999）『小学校学習指導要領解説総則編』東京：東京書籍.

Ⅱ 学習指導要領解読

1 はじめに

　平成26年11月、文部科学大臣は、新しい時代にふさわしい学習指導要領等の在り方について中央教育審議会に諮問を行った（「初等中等教育における教育課程の基準等の在り方について」）。それを受けて中央教育審議会においては、2年1か月にわたる審議の末、平成28年12月21日に「幼稚園、小学校、中学校、高等学校及び特別支援学校の学習指導要領等の改善及び必要な方策等について（答申）」（以後、「答申」という）を示した。主な内容は次のとおりである。

2 新しい時代に求められる「資質・能力」の育成

　「答申」においては、「よりよい学校教育を通じてよりよい社会を創る」という目標を学校と社会が共有し、連携・協働しながら、新しい時代に求められる資質・能力を子供たちに育む「社会に開かれた教育課程」の実現をめざしている。そして、学習指導要領等が「学びの地図」としての役割を果たすことができるよう、次の6点にわたってその枠組みを改善した。

① 「何ができるようになるか」（育成を目指す資質・能力）
② 「何を学ぶか」（各教科等を学ぶ意義と、教科等間・学校段階間のつながりを踏まえた教育課程の編成）
③ 「どのように学ぶか」（各教科等の指導計画の作成と実施、学習・指導の改善・充実）
④ 「子供一人一人の発達をどのように支援するか」（子供の発達を踏まえた指導）
⑤ 「何が身に付いたか」（学習評価の充実）
⑥ 「実施するために何が必要か」（学習指導要領等の理念を実現するために必要な方策）

　「資質」と「能力」という言葉について、答申ではこれらを分けて定義せず「資質・能力」として一体的に捉えた用語として用いることとしている。例え

ば、教育基本法第5条第2項において、義務教育の目的として「各個人の有す
る能力を伸ばしつつ社会において自立的に生きる基盤を培い、また、国家及び
社会の形成者として必要とされる基本的な資質を養うこと」とされている。こ
こでの「資質」については、「教育は、先天的な資質を更に向上させることと、
一定の資質を後天的に身に付けさせるという両方の観点をもつものである」と
されている（「答申」pp.14-15 田中壮一郎監修「逐条解説改正教育基本法」（2007
年）参照）

　「答申」では、教育課程全体を通して育成を目指す資質・能力を、ア「何を
理解しているか、何ができるか（生きて働く「知識・技能」の習得）」、イ「理
解していること・できることをどう使うか（未知の状況にも対応できる「思考
力・判断力・表現力等」の育成）」、ウ「どのように社会・世界と関わり、より
よい人生を送るか（学びを人生や社会に生かそうとする「学びに向かう力・人
間性等」の涵養）」の三つの柱に整理するとともに、各教科等の目標や内容に
ついても、この三つの柱に基づく再整理を図るよう提言がなされた。
　すなわち、今回の改訂では、「何のために学ぶのか」という各教科等を学ぶ意
義を共有しながら、全ての教科等の目標及び内容を「知識及び技能」、「思考力、
判断力、表現力等」、「学びに向かう力、人間性等」の三つの柱で再整理した。

3　「目標」について

　文部科学省は、この「答申」を踏まえて平成29年3月31日に学校教育法施行
規則を改正するとともに、「幼稚園教育要領」、「小学校学習指導要領」（以後、
「学習指導要領」という）及び「中学校学習指導要領」を告示した。同年、6
月「小学校学習指導要領解説」（以後、「解説」という）を示した。

　早速、まず「小学校外国語活動」、「小学校外国語科」、「中学校外国語科」の
目標の前段を確認したい。

○小学校外国語活動　第1　目標
　外国語によるコミュニケーションにおける見方・考え方を働かせ、外国語

による聞くこと、話すことの言語活動を通して、コミュニケーションを図る
素地となる資質・能力を次のとおり育成することを目指す。

○小学校外国語科　第1　目標
　　外国語によるコミュニケーションにおける見方・考え方を働かせ、外国語
による聞くこと、読むこと、話すこと、書くことの言語活動を通して、コ
ミュニケーションを図る基礎となる資質・能力を次のとおり育成することを
目指す。

○中学校外国語科　第1　目標
　　外国語によるコミュニケーションにおける見方・考え方を働かせ、外国語
による聞くこと、読むこと、話すこと、書くことの言語活動を通して、簡単
な情報や考え方などを理解したり表現したり伝え合ったりするコミュニケー
ションを図る基礎となる資質・能力を次のとおり育成することを目指す。

　　3つの目標を比較するため、下線、破線、取り消し線は筆者によるもので
ある。ここで、3つの目標の冒頭に共通にある、「外国語によるコミュニケー
ションにおける見方・考え方を働かせ」については、「解説」に次のような説
明がある。

　　「外国語によるコミュニケーションにおける見方・考え方」とは、外国語に
よるコミュニケーションの中で、どのような視点で物事を捉え、どのような考
え方で思考していくのかという、物事を捉える視点や考え方であり、「外国語
で表現し伝え合うため、外国語やその背景にある文化を、社会や世界、他者と
の関わりに着目して捉え、コミュニケーションを行う目的や場面、状況等に応
じて、情報を整理しながら考えなどを形成し、再構築すること」であると考え
られる。

　　とある。さらに、「外国語やその背景にある文化を、社会や世界、他者との
関わりに着目して捉える」とは、

　外国語で他者とコミュニケーションを行うには、社会や世界との関わりの中で事象を捉えたり、外国語やその背景にある文化を理解するなどして相手に十分配慮したりすることが重要であることを示している。

と説明されており、また、「コミュニケーションを行う目的や場面、状況等に応じて、情報を整理しながら考えなどを形成し、再構成すること」とは、

　多様な人々との対話の中で、目的や場面、状況等に応じて、既習のものを含めて習得した概念（知識）を相互に関連付けてより深く理解したり、情報を精査して考えを形成したり、課題を見いだしたりして解決策を考えたり、身に付けた思考力を発揮させたりすることであり、外国語で表現し伝え合うためには、適切な言語材料を活用し、思考・判断して情報を整理するとともに、自分の考えなどを形成、再構築することが重要であることを示している。

との説明があり、外国語によるコミュニケーションの一連の過程を通して、このような「見方・考え方」を働かせながら学ぶことで、その学びの過程が外国語教育の「主体的・対話的で深い学び」の実現に向けた授業改善につながる、としている。

4　「言語活動」とその考え方

　これらの方向性と、今回の外国語教育の改善が目指す資質・能力の育成のため、領域別目標が段階的に明示された。「答申」には次のような記述がある。

〇外国語の学習においては、語彙や文法等の個別の知識がどれだけ身に付いたかに主眼が置かれるのではなく、児童生徒の学びの過程全体を通じて、知識・技能が、実際のコミュニケーションにおいて活用され、思考・判断・表現することを繰り返すことを通じて獲得され、学習内容の理解が深まるなど、資質・能力が相互に関係し合いながら育成されることが必要である。

○このため、…（中略）…、「知識・技能」と「思考力・判断力・表現力等」を
　一体的に育成し、小・中・高等学校で一貫した目標を実現するため、そこに
　至る段階を示すものとして国際的な基準であるCEFRなどを参考に、段階的
　に実現する領域別の目標を設定する。（「答申」p.194）

　これを受け、「英語」の「目標」はCEFR（外国語の学習・教授・評価のた
めのヨーロッパ共通参照枠）の能力記述文（「～することができる」）に近い形
式で記述されることになった。小学校外国語活動の「各言語の目標及び内容」
には、「聞くこと」「話すこと［やり取り］」「話すこと［発表］」としており、
小学校外国語科と中学校外国語科の目標は、「聞くこと」「読むこと」「話すこ
と［やり取り］」「話すこと［発表］」「書くこと」について記されている。ここ
では、小学校外国語活動、小学校外国語科、中学校外国語科において、「英語」
の「聞くこと」の目標とそれぞれ具体の言語活動について確認したい。なぜな
ら、小学校外国語活動、小学校外国語科ともに「聞くこと」の活動を十分にお
こなうことが求められているからである。

小学校外国語活動「英語」　目標　　（1）聞くこと
ア　ゆっくりはっきりと話された際に、自分のことや身の回りの物を表す簡単
　な語句を聞き取るようにする。
イ　ゆっくりはっきりと話された際に、身近で簡単な事柄に関する基本的な表
　現の意味が分かるようにする。
ウ　文字の読み方が発音されるのを聞いた際に、どの文字であるかがわかるよ
　うにする。

　「ゆっくりはっきりと話された際」という条件のもとに、具体の言語活動は、
次のように示めされている。

（ア）　身近で簡単な事柄に関する短い話を聞いておおよその内容を分かったり
　　する活動。
（イ）　身近な人や身の回りの物に関する簡単な語句や基本的な表現を聞いて、

それらを表すイラストや写真などと結び付ける活動。

（ウ）　文字の読み方が発音されるのを聞いて、活字体で書かれた文字と結び付ける活動。

　さらに、小学校外国語科の「聞くこと」の目標は、

小学校外国語科「英語」　目標　　（1）聞くこと

ア　ゆっくりはっきりと話されれば、自分のことや身近で簡単な事柄について、簡単な語句や基本的な表現を聞き取ることができるようにする。

イ　ゆっくりはっきりと話されれば、日常生活に関する身近で簡単な事柄について、具体的な情報を聞き取ることができるようにする。

ウ　ゆっくりはっきりと話されれば、日常生活に関する身近で簡単な事柄について、短い話の概要をとらえることができるようにする。

　ここでも、「ゆっくりはっきりと話されれば」との条件のもと、具体の言語活動は次のように示めされている。

（ア）　自分のことや学校生活など、身近で簡単な事柄について、簡単な語句や基本的な表現を聞いて、それらを表すイラストや写真などと結び付ける活動。

（イ）　日付や時刻、値段などを表す表現など、日常生活に関する身近で簡単な事柄について、具体的な情報を聞き取る活動。

（ウ）　友達や家族、学校生活など、身近で簡単な事柄について、簡単な語句や基本的な表現で話されている短い会話や説明を、イラストや写真などを参考にしながら聞いて、必要な情報を得る活動。

　小学校外国語活動の「聞くこと」の言語活動では「おおよその内容が分かったりする」とか、「イラストや写真となどと結び付ける」とあり、それに加えて小学校外国語科においても「イラストや写真となどと結び付ける」とか、「イラストや写真などを参考にしながら」とあり、おおよその内容の理解であり、ま

ず、この段階では、発話された言語をそのまま理解するというよりはイラストや写真などの助けを借りて理解したりすることが求められている、と考えられる。外国語をまず聞くこと、インプットすることが求められているのである。

　では、中学校外国語科についても確認する。目標は次のとおりである。

中学校外国語科「英語」　目標　　(1) 聞くこと
ア　はっきりと話されれば、日常的な話題について、必要な情報を聞き取ることができるようにする。
イ　はっきりと話されれば、日常的な話題について、話の概要を捉えることができるようにする。
ウ　はっきりと話されれば、社会的な話題について、短い説明の要点をとらえることができるようにする。

　具体的な言語活動については、学習指導要領には次のように示めされている。

（ア）　日常的な話題について、自然な口調で話される英語を聞いて、話し手の意向を正確に把握する活動。
（イ）　店や公共交通機関などで用いられる簡単なアナウンスなどから、自分が必要とする情報を聞き取る活動。
（ウ）　友達からの招待など、身近な事柄に関する簡単なメッセージを聞いて、その内容を把握し、適切に応答する活動。
（エ）　友達や家族、学校生活などの日常的な話題や社会的な話題に関する会話や説明などを聞いて、概要や要点を把握する活動。また、その内容を英語で説明する活動。

　まず、目標が、小学校においては、「ゆっくりはっきりと話された際に」から「ゆっくりはっきりと話されれば」となり、中学校においては「はっきりと話されれば」という表現に発展していることが分かる。また、中学校においては、日常の言語行動に近い状況を想定していて、「話し手の意向」「店や公共交

通機関」「簡単なアナウンス」「友達からの招待」「簡単なメッセージ」「友達や家庭、学校生活」、さらに「概要や要点を把握する活動」など、言語活動の内容がより具体的に示されている。

　小学校外国活動及び外国語科の「聞くこと」の目標や具体の言語活動を工夫する際に、中学校の目標や言語活動につながるようそれぞれ想定される活動を視野に入れながら、学校や子どもたちの実態に応じた工夫が求められる。

5　「評価」の基本的な考え方の確認

　「答申」には評価について、（外国語教育における学習評価）（「答申」p.195）との項目において、次のように記されている。

○観点別学習状況評価の実施に当たっては、各学校において領域別の目標を踏まえ設定する学習到達目標や、年間を通じた目標、単元目標において、求められる資質・能力を「知識・技能」、「思考・判断・表現」、「主体的に学習に取り組む態度」の３観点により明確にしておく必要がある。その上で、年間を通じた目標を見通した上で単元目標に基づき観点別の評価を行うことが重要である。

○小学校高学年の教科としての外国語教育における「観点別学習状況の評価」についても、中・高等学校の外国語科と同様に「知識・技能」、「思考・判断・表現」、「主体的に学習に取り組む態度」の３観点により行う必要がある。その際、必要な資質・能力を育成するための学びの過程を通じて、筆記テストのみならず、インタビュー（面接）、スピーチ、簡単な語句や文を書くこと等のパフォーマンス評価や活動の観察等、多様な評価方法から、その場面における児童の学習状況を的確に評価できる方法を選択して評価することが重要である。

○また、小学校高学年の外国教育を教科として位置付けるに当たり、「評定」においては、中・高等学校の外国語科と同様に、その特性及び発達の段階を踏まえながら、数値による評価を適切に行うことが求められる。その上で、

外国語の授業において観点別学習状況の評価では十分に示すことができない、児童一人一人のよい点や可能性、進歩の状況等については、日々の教育活動や総合所見等を通じて児童に積極的に伝えることが重要である。小学校「外国語活動」については、現行の学習指導要領において数値による評価はなじまないとされていること等を踏まえ、顕著な事項がある場合に、その特徴を記入する等、文章の記述による評価を行うことが適当である。

○具体的な「観点別学習状況の評価」及び「評定」の在り方については、英語教育強化地域拠点事業等における先進的な取組も参考にしつつ、子供たち一人一人に学習指導要領の内容が確実に定着するよう、学習指導の改善につながる取組が進められることが期待される。（「答申」pp.195-196）

　すなわち、ここで基本的に大切なことは、まず。目標を具体化し明確にして、それに見合う指導方法や学習活動を構想すること、次に、その構想した学習過程で、ある一定期間、それは長期にわたる場合もあるが、その期間の学習で得られた児童生徒の学習成果物について、何を集め、それらをどのように判断するか、すなわち、評価資料の特定と収集、そしてそれを判断する基準を事前に明確にしておくことが必要であり重要である、ということである。

6　まとめ

　学習指導要領の内容をよく理解するためには、まず、それを自分自身で読む、ということが一番大切なことである。特に大切なのは、本章においても示した「目標」の理解であり、「言語活動」のとらえ方である。

　日々の授業の主要な部分は、この「言語活動」をどのように工夫して実施するか、ということにほかならないからである。

　「目標」と「言語活動」の正確な理解のため本稿では、その視点を示した。

＜参考・引用文献＞

中央教育審議会（2016）『幼稚園、小学校、中学校、高等学校及び特別支援学校の学習指導要領等の改善及び必要な方策等について（答申）』文部科学省.

文部科学省（2017）『小学校学習指導要領』.
文部科学省（2017）『小学校学習指導要領解説外国語活動編』.
文部科学省（2017）『小学校学習指導要領解説外国語科編』.

Ⅲ　小学校英語のための第二言語習得理論入門

　外国語にふれる、外国語を学ぶことは、ものの見方、考え方が広がり異なる文化にふれることができる、という心躍り、感動する機会を得ることにつながるばかりか、その外国語に習熟することで新たな知識や情報を得ることができるのである。そのため、人が外国語を学び身につける道筋、プロセスを明らかにしようとする知的な挑戦が行なわれている。エジンバラ大学のピット・コードーの1967年の「学習者の誤用の重要性」という論文を契機に、「第二言語習得研究」という研究分野が誕生した。この論文では、学習者の実際の言語の習得プロセスそのものが研究対象となった。

1　はじめに

　本稿では、「外国語」と「第二言語」をほぼ同義語として使用しているが、本来、これらは区別されて使用されるべきなのである。それは、それぞれ学習環境が異なることに起因している。すなわち、第二言語学習環境と外国語学習環境は次の様に区別されている。たとえば、日本人がアメリカ合衆国内にある大学の附属語学学校で英語を学ぶ場合が第二言語学習環境であり、英語を日本国内の中学校、高等学校や英会話学校で学ぶ場合が外国語学習環境ということになる。後者においては、教室から一歩外に出ると周りで使用されている言語は基本的には、英語ではなく日本語である。すなわち、両環境の相違は学習言語のインプットの量に起因する。しかし、第二言語学習環境のもとで行われた研究成果が外国語習得研究にも全てではないものの参考となる点があることから、本稿では「第二言語」と「外国語」をほぼ同義として扱っている場合がある。

2　コミュニケーション能力

　第2章で学習指導要領を読み解いた際に、小学校外国語活動、小学校外国語

科、中学校外国語科ともに、それぞれ「コミュニケーション能力」の育成が目指されていることがわかる。では、この「コミュニケーション能力」とは何か、ということを確認したい。「コミュニケーション能力」については、さまざまな考え方、理論的な背景があり、その定義についてもよく知られているものだけでもいくつもの提案がある。しかし、本稿では、その中でも最も一般的なものを紹介したい。

　すなわち、「コミュニケーション能力」については、「文法（言語）能力」、「談話能力」、「社会言語能力」、「方略的能力」など、これらの能力を総称して「コミュニケーション能力」とする考え方があり、1980年くらいから、第二言語教育における目指すべきゴールとされている。では、それぞれの能力の概要と若干の説明を加えたい。

　（ⅰ）　文法（言語）能力（grammatical competence）
　　　　　－音声・単語・文法の能力
　（ⅱ）　談話能力（discourse competence）
　　　　　－一文以上をつなげる能力
　（ⅲ）　社会言語能力（sociolinguistic competence）
　　　　　－社会的に「適切」な言語を使う能力
　（ⅳ）　方略的能力（strategic competence）
　　　　　－コミュニケーション上、問題が生じた場合、対処する能力

　外国語を学ぶ時、一般的に外国語をマスターするということは、ある一定量の単語を記憶して、文法規則を練習すればよい、と考えている人が多いかもしれないが、外国語を習得するということは、じつはそれほど単純なことではない。もちろん、単語の知識、そして、その単語をどう組み合わせて使うことができるのかという文法規則の知識は必要であるものの、それだけでは足らず、さらに、音声、その言語の音の体系や発音の仕方そのものを知らなければならない。これが、「文法（言語）能力」である。

　さらに、音声、単語、文法の知識でできるのは、一文レベルであれば、正しい英文を組み立てることはできる。さらに、それをうまくつなげて会話する能

力が必要である。この知識を「談話能力」という。「談話」というのは、一文以上の文をつなげた言語の単位を表す言語学の用語である。たとえば、次のAとBの英文は、それぞれ別々にみてみれば、それぞれに正しい英文である。しかし、Aという人物とBという人物の両名の対話としてみると何か不自然だ。どこが不自然か、どうすれば自然な対話となるか、と考えてみると、ここでは、台風について聞いているのであるから、

> A：What did the typhoon do?
> B：The buildings were destroyed by the typhoon.

　Bは、"The buildings were destroyed by the typhoon." と "The building" を主語として応答するのではなく、"It destroyed the buildings."（It ＝ the typhoon）と応答すれば自然なやりとりとなり得る。このようなやりとりができる能力を「談話能力」という。

　さらに、「談話能力」があったとしても、社会的に「適切な」言語を使うことのできる能力はまた別のことである。たとえば、日本語において目上の人に対して、「お前」などと呼び捨てにすることは通常の場合あり得ない。その場、その場に応じて、「大石先生」とか、「大石様」とか、「大石さん」などのいいかたをするのが普通である。このような能力を、「社会言語能力」という。

　最後に、コミュニケーションを行う上で問題が生じた場合、それに対処できる能力を「方略的能力」という。たとえば、人と会話していて、次の言葉がなかなか出てこない場合、"well..." とか "umm..." などといって時間を稼いだり、また、ある単語が思いつかない時、別な単語で言いかえたりすることのできる能力である。

　これら4つの能力の総称を「コミュニケーション能力」といい、外国語教育が最終的に目指すものであると考えられている。

3　「インプット仮説」と「自動化モデル」

　「コミュニケーション能力」をいかに育てるのか、「言語習得」をどのように進めるかとの問に、白井（2012、2008）は第二言語習得研究の膨大な先行研究

を詳細に吟味、検討して、外国語学習を進めるにあたり、「インプット仮説」
と「自動化モデル」の成果を最大限に利用すべきであるとしている。まず、そ
の「インプット仮説」と「自動化モデル」を確認したい。

インプット仮説：「習得」はメッセージを理解することによってのみおこり、
　　　　　　　　意識的に「学習」された知識は発話の正しさをチェックする
　　　　　　　　のに使えるだけである。

自動化モデル　：スキルは、最初は意識的に学習され、何度も行動を繰り返す
　　　　　　　　うちに自動化し、注意を払わなくても無意識的にできるよう
　　　　　　　　になる。

　「インプット仮説」の「メッセージを理解する」ということは、人と人がコミュ
ニケーションを図るということは、そこで少なくとも話し手が聞き手に対して
何かしら伝えたい内容がある、ということである。この伝えたい内容のことを
ここでは「メッセージ」といっている。この「メッセージ」は、人が話した言
葉（言語）そのものを理解する場合もあるが、場合によっては、人の手ぶりや
身振り、時には写真や絵などの助けを借りて理解する場合も想定されている。
　また、「自動化モデル」の典型的な例は、自動車の運転をあげることができ
る。運転免許を持ち自動車を日常的に運転している人にとって自動車の運転
は、運転席に座ると同時に、自分では意識せずとも勝手に手や足が自動的に動
いてハンドルやギア、ブレーキを操作して、なんなく自動車を運転し公道を疾
走することができるわけである。

　このようなことを踏まえながら、さらに、白井（2012、2008）が主張してい
るのは、この2つの理論はどちらも極端な側面があるため、その後、多くの研
究者は両方の中間的な立場をとるようになった、ということである。
　特に、「インプット仮説」については、意識的に学習された知識は発話につ
ながらない、という立場は現実的でない、という理解が一般的で、実際、日本
人の不得手とされる/l/と/r/の音の区別など、ただ聞いていただけではなかな

か聴き取りにくい場面があるものの、それを知識として学んだことで何とか推測して聴き分けることができる、という場合もある。

　また、「自動化モデル」においても、時制の正確な使い方など、文法書で何ページにもわたって説明されていることを学習者が意識的に学習はするものの、それをさらに繰り返して練習するだけで自動化するなどと考えることは、どうもあり得ない、と考えるのが自然である。インプットから習得する部分が多いと、ということは否定できない。

　そこで、白井（2012、2008）は、外国語学習を進めるにあたり、「インプット仮説」と「自動化モデル」の成果を最大限に利用すべきであるとしている。そのシステムを次のように提案している。

（ⅰ）　言語習得は、かなりの部分がインプットを理解することによっておこる。
（ⅱ）　明示的知識を身に付けた上での意識的な学習は、
　　　ａ．発話の正しさをチャックするのに有効である。
　　　ｂ．自動化により、実際に使える能力にも貢献する。
　　　ｃ．ふつうに聞いているだけでは気づかないことを気づかせ（noticing）、
　　　　　（ⅰ）の自然な習得を促進する。

　このシステムを踏まえると、まず、小学校英語活動においては、「聞くこと」を中心としたインプットが重要であり、小学校外国語科や中学校外国語科においては、さらに「読むこと」によるインプットも可能となる。そして、明示的で意識的な学習は、小学校外国語活動には余り馴染まないものがあるが、小学校外国語科や中学校外国語科においては、「明示的」で「意識的」な学習が必要であり、それらが行われることが期待されている。

　以上、ここまで、外国語学習の目指すべきゴールである、「コミュニケーション能力」を確認し、さらに、白井（2012、2008）が第二言語習得研究の膨大な先行研究を詳細に吟味、検討して導き出した外国語学習を進めるためのシステムを確認した。

4 「言語知識」の熟達化

ここでもう一度、「コミュニケーション能力」に立ち返ると、この能力は、「文法（言語）能力」「談話能力」「社会言語能力」「方略的能力」の４つの能力の総称である。その中で、たとえば、「文法（言語）能力」は文法知識の活用にかかわる能力で第二言語習得研究の多くが研究対象としてきた。実際、日本人が日本国内で、外国語環境のもとで外国語を学習する際も、「文法知識」を習得して、それを活用する、すなわち、「文法知識」の「処理過程」が外国語学習環境のもとでの外国語習得研究の中心的な関心事であり、研究対象である。コミュニケーション能力の根底にはこの様な「言語知識」がある。さらに、それらが「熟達化」するプロセスが研究されている。そもそも、この「熟達」とは何か、国語辞典によると、「〔学芸・スポーツ・やり方などに〕慣れて上達すること」とある。このプロセスが重要である理由は、小学校外国語活動、小学校外国語科、そして中学校外国語科ばかりか高等学校外国語科への接続や連携など、その一貫性を保つために必要な知見である、と考えられているからである。

すなわち、第二言語習得研究では、学習者が第二言語のコミュニケーション能力（文法、語彙、発音などの言語知識）を身につけていくプロセスを、明示的知識と暗示的知識の習得いう観点から記述・説明している。明示的知識とは、言語について意識できる分析された知識のことであり、例えば、三人称単数や複数形などの文法用語の知識も含まれる。したがって、明示的知識は、原則的に、言語・言語構造を、言葉を用いて説明することのできる知識である。一方、暗示的知識とは、学習者がその内容・存在を明確に意識することなしに、活用することのできる知識であり、それがために、言葉で説明することがむずかしい。英語のネイティブがなんなく、"Your brother usually goes to school with Tom" と発話できる所以である。

日本人の英語学習者の多くは、「Heは三人称単数だから、動詞の後にsをつけて、He plays tennis.とする」と説明できる。すなわち、明示的に説明されて理解している「明示的知識」を活用して "play" に "s" が付くという現象を説明しているのである。この文法規則を学んだ中学生は、主語が何人称か、主語は単数か複数か、動詞には、"s" を付けるのか、"es" を付けるかなど、それぞれの文法規則に注意を払う必要がある。であるから、この文法規則を学習し

たばかりの中学生の発話は、文法規則に注意しながら、考えたり、確認したりしながら、*"He...he...he plays.....He plays baseball. She...she...goes...go...goes... She goes to school. Ken...like...Ken...likes...Ken likes apples."* などと発話することになる。しかし、英語圏内に長期間滞在して日常的に英語を話していた日本人にとっては、この様な言い淀みは余りみられることなく、*"He plays baseball." "She goes to school." "Ken likes apples."* と流暢に話すことができるのである。

表：第二言語習得の4タイプとその熟達化モデル（板垣・鈴木　2011）

	統制的処理(非自動化)	自動的処理(手続き的)
明示的知識 (分析的)	**タイプA** ・形式的に学習された意識的言語知識 ・言語規則に基づく知識中心 ・不十分な練習→非自動的言語運用	**タイプB** ・形式的に学習された意識的言語知識 ・言語規則に基づく知識中心 ・十分な練習→自動的言語運用
暗示的知識 (非分析的)	**タイプC** ・無意識に身に付けた直観的言語知識　・定型表現・決まり文句の丸暗記の蓄積が中心 ・不十分な練習→非自動的言語運用	**タイプD** ・無意識に身に付けた直観的言語知識 ・定型表現・決まり文句の丸暗記の蓄積が中心 ・十分な練習→自動的言語運用 　　　　（「母語話者並みの流暢さ」）

　このことを表に沿って説明すると、中学生は「三人称単数」という文法規則を学習する。学習するということは明示的な説明があり、そして、意識的な学習が行われた結果なのである。すなわち、表中の「タイプA」の部分で、「形式的に学習された意識的言語知識」（明示的知識）であり、「言語規則に基づく知識中心」となっている。しかし、ここで学習した文法規則を活用する頻度や練習の量もまだ不十分なため、英語圏に長期間滞在し毎日のように、この文法規則を活用している、活用せざるを得ない状況の日本人のようには、流暢な発話とはならない。自動化していないのである。このことを表中では、「不十分な練習」「非自動的言語運用」と記している。

　一方、*"How do you do? Nice to meet you."* という表現は、現在でも英語を習い始めた時から授業の冒頭でよく発せられる常套句である。この常套句を分析的に理解するというよりは、常套句であることから、定型表現、チャンクとして、ひとかたまりの決まり文句として習い活用していることが多い。特に、小

学校外国語活動では、"*How do you do? Nice to meet you.*" を「*Nice*は形容詞で、*to meet*は不定詞」「*How*は疑問詞で、*you*と*do*は疑問文なので*do*が*you*に先行している」などと考えて発話しているとは思えない。定型表現、決まり文句として、"*How do you do? Nice to meet you.*" と発話しているのである。これは、表中の「タイプC」の部分に相当する。"*How do you do? Nice to meet you.*" という表現は、「無意識的に身につけた直観的言語知識」（暗示的知識）であり、また、「定型表現・決まり文句の丸暗記の蓄積が中心」と考えられる。ただし、この部分においても、練習はまだ十分ではなく、非自動的言語知識に留まっているのではないかと考えられる。

5　まとめ

　ここまでのところで、小学校外国語活動、小学校外国語科、中学校外国語科及び高等学校外国語科において、「言語知識」が熟達化するプロセスは、図に示したような道筋を踏むことになると考えられる。これらの枠組みを踏まえると板垣・鈴木（2011）は、小学校外国語活動、中学校外国語科について次の3点について確認しているが、論文発表時においては、まだ、小学校外国語活動の早期化と、小学校外国語科の創設、教科化については明らかになっていなかったので、それらを考慮して部分的に修正を加えてみると、

　(1)　小学校外国語活動の目標であるコミュニケーション能力の「素地」として、英語の語彙・定型表現・慣用表現に関して、音声中心の「暗示的・非自動的知識」を身につける。（タイプC）
　(2)　小学校外国語科の目標であるコミュニケーション能力の「基礎」と中学校外国語科の目標のもとではともに、英語の文法、語彙、発音などに関する「明示的・非自動的知識」を身につける。（タイプA）
　(3)　中学校（及び高等学校）の外国科においては、運用練習をとおして、「明示的・自動的知識」の構築を徐々に進める。（タイプB）

　以上のことを念頭におきながら、小学校外国語活動、小学校外国語科、中学校外国科のそれぞれの担当の教師が教材、指導法、評価について工夫して実際

の指導を行うことが重要である。

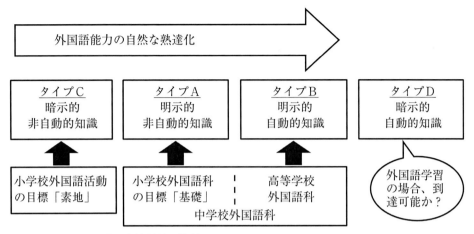

図：小学校・中学校・高等学校の接続—英語活動から英語教育へ（板垣・鈴木　2011）—一部修正—

＜参考・引用文献＞

板垣信哉、鈴木渉（2011）『英語コミュニケーション能力の「素地」と「基礎」−第二言語習得の熟達化理論に基づいて−』『小学校英語教育学会紀要』第10号，19-24.
白井恭弘（2008）『外国語学習の科学—第二言語習得論とは何か』東京：岩波書店.
白井恭弘（2012）『英語教師のための第二言語習得入門』東京：大修館書店

Ⅳ　音声指導の要諦

　本章では、まず、聞いたり、話したりする際に頭の中でどのようなプロセスが生じるのかについて簡潔に説明する。次いで、そのようなプロセスを促進する実践の在り方について解説する。これから教員になろうとする学生や現在外国語活動を担当している教員は音声指導にあまり自信を持てないかもしれない。しかし、音声指導の基礎が指導者と児童とのやり取りであることを認識したい。

1　はじめに

　初めて母語（第一言語）に触れる赤ちゃんにいきなり文字を読ませたり、書かせたりすることはないだろう。これと同様に、外国語活動や外国語科の授業

においても、文字指導で始めたり、文字指導を中心に行ったりすることは避けなければならない。授業を構成する際は、聞く活動を十分に行った上で、話す活動へつなげていくことが重要である。聞くことや話すことに十分に慣れ親しんだうえで、文字指導（読むことや書くこと）も行われていく。読むことや書くことについては次章に譲り、本章では音声指導（聞くことや話すこと）について、重要なポイントを解説していく。

2　聞くことの指導

　聞くことは、一見すると、受動的な活動に見られがちだが、実は、能動的な活動であることに注意したい。というのも、聞こえてくる音声のかたまりの中から、知っている語句や表現を聞き取って内容を理解しようとし、知らない語句や表現を文脈から推測しようとし、聞き取った情報とそれに関する知識や一般常識を使って推測しようとする。このように児童は、様々な認知プロセスを能動的に働かせながら、音声を聞いている（佐久間、2014）。ただし、このような聞くことに関わる様々な能動的なプロセスのなかには、逆に聞くことを阻害する要因も多い。外国語活動であっても外国語科であっても、学習の初期段階では、これから説明する聞くことを困難にしている要因をできるだけ考慮して指導しながら、徐々に聞く活動に慣れ親しませていかなければならない。以下では、聞くことを困難にする要因のうち、外国語活動や外国語科に最も関連の深い2つを挙げて、それぞれの要因を意識した実践についても解説する。

(1)　聞くことを困難にする要因—内容と量

　まず、聞く活動に影響を与えているのは、聞く内容と量である。聞く内容に、児童のことや彼らの身の回りのものに関係していない語句や表現が含まれていると、聞くことが困難になることが知られている（Schmidt-Rinehart, 1994）。逆に、聞く内容が児童にとって身近であったり、知っている内容を含んでいたりすると、内容を理解しやすくなる。

　そこで、指導者が工夫したいことは、児童に聞かせるときに、児童自身についての話を聞かせたり、身の回りのものを具体的に見せたりしながら工夫して聞かせることである。そうすることで、児童が内容を推測したり類推したりする必要がなくなり、音声理解にかかる認知的な負担が減るのである。

　例えば、児童の好きなアニメやそのキャラクター、有名人、お菓子、食べ物等のイラストや実物を見せながら、聞く活動を行うことが考えられる。具体的に『新教材』（平成30年度からの移行期間中の使用される文部科学省作成の教材）の３年生の単元４「I like blue.」の導入を例にとってみる（*Hi, friends! 1*のLesson 4「I like apples.」に相当）。

指導者：（黒板に○と×を書く）I likeアンパンマン．（イラストを見せて、○
　　　　の下に貼る）Aさん、Do you like アンパンマン？ Yes or no?

児童A：Yes.

指導者：I see. You like アンパンマン．Bさん、Do you like 仮面ライダー？
　　　　（イラストを見せる）Yes or no?

児童B：No.

指導者：Okay. You don't like 仮面ライダー．I don't like 仮面ライダー, too.（イ
　　　　ラストを×の下に貼る）．Cさん、Do you like ポケットモンスター？
　　　　（イラストを見せる）．Yes or no?

児童C：Yes.

指導者：I see. You like ポケットモンスター。I like ポケモン, too.

　このように、児童が興味・関心のあるアニメやそのキャラクター等のイラストや実物を用いて、やり取りすることで、児童にあまり負担をかけずに、聞く活動を行うことができる。このような聞く活動を通して、自分の気持ち（好み）を伝える表現（I like〜. I don't like〜. Do you like〜?　等）に児童は慣れ親しんでいく。

　また、聞く内容が長くなると、聞く活動は児童にとって負担になる。なぜならば、児童の英語力が十分に達していない場合、言語（音声、語彙、文法等）と内容を同時に処理し、その情報を保持し利用する能力、つまりワーキングメモリ（working memory）には限界があるからである（佐久間、2014）。

　したがって、指導者には、学習者の実態に合わせて、聞く内容を短くしたり、繰り返し聞かせたりすることによって、聞く活動を取り組みやすくする工夫が求められる。

　例えば、新教材の「I like blue.」の単元や*Hi, friends!*の「I like apples.」の単元では、数人の登場人物が好みをたずねあう会話を聞き取りながら、誌面に○×をつけたり、線を結んだりという活動があるが、児童の実態にあわせて、1人の話を聞いたら音声を止めてポーズをおいて線を引かせたり、ポーズをおいて音声を再度聞かせたり、全体をもう一度聞かせたりするなど、工夫したい。長い内容を短く区切って聞かせたり、繰り返して聞かせたりすることによって、聞く活動に取り組みやすくなるだろう。ただし、そのような調整は、次項で述べるように、デジタル教材等よりも、指導者自身が話して聞かせるほうが、楽なことは容易に想像がつくだろう。

(2)　聞くことを困難にする要因―音源

　聞くことを困難にする大きな原因の2つ目として、音源がある。一般的に、音源は、指導者が児童の目の前でしゃべる音声か、デジタル教材やCD等のような録音されたものに分けられる。録音されたものを聞くよりも、指導者の生の声が理解しやすいと考えられている（Cabrera & Martinez, 2001）。その理由は、指導者が、目の前にいる児童にあわせて、スピードを調節したり、声に強弱をつけたり、大事なことを繰り返したり、簡単な語句や表現を選んで話したりするなど様々な工夫を行うことができるからである。上述したように、実物やイラスト、ジェスチャー等を使いながら、児童たちの理解を助けることもできる。また、児童にとっても、デジタル教材等に反応するよりも、指導者に反応するほうが自然だし、楽であろう。

　したがって、デジタル教材等を視聴する前に、指導者が児童とやり取りをして、言語材料への気付きを促したり、目的を持って聞かせたりするような手だてを講じたい。

　新教材の6年生「Unit 5 My summer vacation.」を例にとって考えてみよう。1時間目のLet's listen①では、3人の登場人物が夏休みの思い出について話している英語を聞いて、行った場所、そこでしたこと、食べたものを話の内容にあうように、誌面上の絵を線で結ぶという活動が設定されている。ただ単純にLet's listen to the talk.とだけ言って、いきなりデジタル教材を聞かせる前に、以下のようなやり取りを児童と行いたい。

指導者：（イラストを見せながら）I WENT（少し強調する）to the mountain
　　　　during the summer vacation. How about you, Aさん? Mountain? Sea?

児童A：Sea.

指導者：Good. You WENT to the sea. How about you, Bさん? Mountain? Sea?

児童B：Mountain.

指導者：OK.（イラストを見せながら）You WENT to the mountain.（イラス
　　　　トを見せながら）Did you enjoy camping?

児童B：Yes.

指導者：You ENJOYED camping. That sounds nice. How about you, Cさん?
　　　　Sea? Mountain?

児童C：Sea.

指導者：Good.（イラストを見せながら）You WENT to the sea.（スイカ割り
　　　　のイラストを見せながら）Did you eat a watermelon?

児童C：Yes.

指 導 者：OK. You ATE a watermelon. That sounds yummy. I am hungry.
　　　　Now, let's listen to the talk. 登場人物の夏の思い出を線で結んでみよう。

　デジタル教材を聞く前に、このようなやり取りをすることで、言語材料への
児童の自発的な気づきを高めることが大事である（気づきを高めるために、過
去形の箇所を少し強調したり、繰り返して聞かせたりするとよい）。また、こ
のようなやり取りを行うことで、デジタル教材の内容と、児童が夏休みに言っ
た場所、そこでしたこと、食べたものと比較させたりすることができ、より目
的を持って聞かせることができるだろう。

　このように、聞く活動において、内容を身近なものにしたり、短く区切って
聞かせたり、活動前にやり取りを行ったりするなどの工夫をすることで、児童
は話された内容を理解することが容易になる。理解の結果として、言語が学習
されると考えられている。このような工夫は、デジタル教材等よりも、指導者
のほうが行いやすいことは明白であろう。

3　話すことの指導

　第2節のような聞く活動や、読み聞かせ等を通して、語句や表現に慣れ親しんでくるようになると、自然と話したいという気持ちが生じ、いわゆる片言であっても話すようになる（Shintani, 2016）。このような自然と会話に参加したいという気持ちが生じている時期に、適切な指導をし、児童が話したいという意欲を継続させたい。

(1)　やり取りを通して指導しよう

　外国語活動であれ外国語科であれ、言語材料の学習初期段階では、児童は、文で発話することは難しい。そのため、彼らは単語レベルで言ったり、間違った発音で言ったり、日本語で話したりする。指導者は、以下のように、それらをやり取りの中にうまく取り入れながら、英語に言い直した表現を児童に伝えてあげたい。

指導者：I don't like クレヨンしんちゃん. Dさん、Do you like サザエさん？
児童D：Don't like.
指導者：I see.You don't like サザエさん。I don't like サザエさん. Eさん、Do you like ちびまる子ちゃん？
児童E：I like（/laiku/）　ちびまる子ちゃん.
指導者：OK. You like（/laik/）　ちびまる子ちゃん。Me, too. I like ちびまる子ちゃん.

　このように、指導者はサザエさんが好きか聞いたところ、児童Dは主語のIを言わずにdon't likeだけ答えたとしよう。その際に、指導者は、Iが抜けていることは伝えずに、まず、I see.と児童Dの発言を受け止め、その後、主語をつけて、You don't like サザエさん. と発言して正しい表現で言い直している。その後、すぐに、I don't like サザエさん. という正しいモデルも聞かせるとなおよい。また、児童Eがlike（/laik/）を、/laiku/と間違った発音をしても、OK.等で児童Eの思いを受け止めたうえで、正しい発音で文全体を言いなおしてあげてほしい。このような言い直しをリキャスト（recast）と言う。リキャストを使うと、コミュニケーションの流れをあまり阻害せずに、児童の間違い

や正しい言い方に気づかせることが可能である。この方法は、言語習得に効果的だと言われている（神谷、2017）。

(2)　チャンクを活用しよう

　前項の例のような聞くことを中心にした活動を続けていくと、好き、嫌いという思いを伝えるときには、それぞれI like 〜.、I don't like〜. を使うという風に、「かたまり」で覚えていく。このかたまりを、チャンク（chunk）と呼ぶ。児童の頭の中では、何かを好きだという思いを伝えるときに、「主語はIで、好きという動詞はlikeで、そのあとに好きな対象を入れる」のように分析して、発話しているわけではない。そのようなプロセスを通して発話しないのは、上述したワーキングメモリの容量が限られているからである。むしろ、何かを好きという思いを伝えるときはI like〜. というかたまりで記憶から取り出されているのである。

　もう一つチャンクの例を挙げたい。指導者が授業の最後にSee you.といつも言い続けると、児童たちは、毎回授業の最後に手を振りながら言っているので、また会いましょうというような意味だなと理解し、チャンクとして記憶し、使うようになる。「seeは会うという意味の動詞で、youはあなたたちという意味で、主語のI や助動詞willは省略されている」などと分析して、記憶しているわけではない（ただし、中学校や高等学校で分析して学習することは十分ある）。むしろ、see youのかたまりとして記憶している。したがって、児童は、ペアでゲームをして別れるときに、相手にsee you.というチャンクを、あまり苦労せずにすぐ言うようになる。

　このように子どもの頭のなかにチャンクがあるおかげで、学習の初期段階の児童であっても、指導者とのやり取りや、児童同士のやり取りに参加することができる。これは、英語を用いて話すというコミュニケーションを図ったという児童の充実感につながっていくのである。

　チャンクの活用方法として、See you.のように毎回の授業で使用されるため自然に学ばれるものもあれば、指導者が意図的に言語材料を繰り返し何度も聞かせて、学ばせるという方法もある。3 (1) のようなやり取りもあるが、以下のように、ある特定の表現を全体で確認したり、ペアで練習させたりする方法もある（新教材の3年生「Unit 5 What do you like?」を参照）。

指導者：What 「food」 do you like, Fさん？
児童F：I like 「strawberries」.
指導者：What 「color」 do you like, Gさん？
児童G：I like 「pink」.
指導者：What 「sports」 do you like, Hさん？
児童H：I like 「baseball」.
指導者：Make pairs. Ask your partner.

児童 I ：What 「animals」 do you like?
児童 J ：I like 「cats」. What 「animals」 do you like?
児童 I ：I like 「dogs」. See you !
児童 J ：See you.

　ここで指導者はWhat □ do you like? の□の部分を、food、color、sports等に換えながら児童に問いかけ、児童はI like □. の□の部分を自分の好きなものに置き換えて話す。ここではクラス全体で確認した後に、ペア同士で尋ねたり答えたりする活動を行う。最後はクラスの中を動き回りながら、インタビューゲーム等をしあう。このような活動を通して、チャンクが児童の記憶に定着され、話すときに素早く利用されるようになる。

4　まとめ

　本章では、聞く活動と話す活動に分けて、それぞれのプロセスやどのような実践を目指す必要があるのかを解説した。音声指導に関しては、将来教員を希望している学生や大学院生、現在の指導に当たっている教員も、自信を持てない部分である。その場合は、新教材、*Hi, friends plus !*、*Hi, friends !* 等の視聴覚教材を十分に活用して欲しい。また繰り返しにはなるが、音声指導の基本はあくまでも指導者と児童とのやり取りである。このことを本章を読んで理解していただけたら幸いである。

＜お薦めや参考になる図書＞

文部科学省（2017）『外国語活動・外国語科研修ハンドブック』東京：旺文社.

＜参考文献＞

Cabrera, M. P., & Martinez, P. B.(2001). The effects of repetition, comprehension checks, and gestures on primary school children in an EFL situation. *ELT Journal*, *55*, 281-288.

神谷信廣（2017）「話す活動と文法指導―フィードバック」鈴木渉（編）『実践例で学　第二言語習得研究に基づく英語指導』（45-62頁）東京：大修館書店.

佐久間康之（2014）「リスニングの認知プロセス」全国英語教育学会第40回研究大会記　念特別誌『英語教育学の今‐理論と実践の統合‐』（40-44頁）全国英語教育学会.

Schmidt-Rinehart, B.C.（1994）. The effects of topic familiarity on second language listening comprehension. *The Modern Language Journal*, *78*, 179-189.

Shintani, N.（2016）. *Input-based tasks in foreign language instruction for young learners*. Amsterdam, Netherlands: John Benjamins Publishing Company.

Ⅴ　読むことや書くことの理論と実際

　本章では、まず、読むことや書くことのプロセスやそれらに影響を及ぼす要因について簡潔に説明する。次いで、読むことや書くことの実践の在り方について具体例を踏まえながら解説する。多くの指導者にとって読み書きの指導は未知の分野であると考えられるが、外国語の読み書きの目標が慣れ親みであることを踏まえた実践が蓄積されることを願う。

1　はじめに

　教員養成や教員研修に携わっていると、現行の外国語活動において、文字を最初から見せたほうがいいのか、ある程度音声に親しむまで文字は見せないほうがいいのか、という質問をよく受ける。現行の*Hi, friends!* であっても、新教材（文部科学省が開発し、平成30年度に配布する移行措置期間用の教材）であっても、文字の提示という意味での読むことの指導は学習の初期段階から行われている。ただ、この場合の指導が体系的な読むこと書くことの指導ではないのは明らかであろう。本格的な読み書きの指導は、現行の外国語活動や新学習指導要領における外国語活動では行われず、新学習指導要領の高学年からスタートする。

　新学習指導要領では、中学年から「聞くこと」「話すこと」を中心とした外国語活動を通じて外国語に慣れ親しみ、外国語学習の動機づけを高めた上で、高学年から発達の段階に応じて段階的に文字を「読むこと」及び「書くこと」を加えて総合的・系統的に扱うとしている。ここで注意しておかなければならないのは、学習指導要領上の読むことや書くことは、慣れ親しみであって、中学校の指導のような知識や技能の習得を目指していないということである。以下、新学習指導要領で確認してみる。

　「読むこと」の目標は「活字体で書かれた文字を識別し、その読み方を発音することができるようにする。」や「音声で十分に慣れ親しんだ簡単な語句や基本的な表現の意味が分かるようにする。」と明記されている（文部科学省、2017a)。「書くこと」の目標は「大文字、小文字を活字体で書くことができるようにする。また、語順を意識しながら音声で十分に慣れ親しんだ簡単な語句や基本的な表現を書き写すことができるようにする。」と「自分のことや身近で簡単な事柄について、例文を参考に、音声で十分に慣れ親しんだ簡単な語句や基本的な表現を用いて書くことができるようにする。」と明記されている（文部科学省、2017a)。このことから分かるように、新学習指導要領における高学年の読み書きは、知識や技能の習得よりも、慣れ親しみが目標である。このことを念頭に置きながら、以下では、読むことや書くことを慣れ親しませる活動を、第二言語習得研究の観点から、別々に論じる。

2　外国語の読み書きに影響を及ぼす要因

　具体的な指導の説明に入る前に、外国語で読むことや書くことが様々な要因に影響されることを述べておきたい。例えば、児童の年齢、音声への慣れ親しみの度合い、児童の母語、母語の読む能力、第二言語（外国語）で読むことへの興味・関心等である（Cameron, 2001；Pinter, 2017)。まず、英語と日本語の文字（アルファベット、大文字・小文字の区別等）の違いだけでなく、英語の音と綴り字の関係を押さえておきたい。特に、日本語では音と文字が一致しているのに対して、英語は必ずしもそうではないという点が重要である（大名、2017)。例えば、cという文字は/k/（cat, corn, carrot, cake等）と/s/（center, city, nice, rice等）という音に大別される。ゆえに、児童は、意識

的にしろ無意識的にしろ、音（/k/と/s/）と文字（c）を区別しなければならない。もう一つ例を挙げておこう。英語のeaという文字は、/iː/（peach, eat, dream, sea等）、/ie/（ear, dear, year, hear等）、/e/（head, treasure, weather, bear等）、/əːr/（earth, learn, early, heard等）という音に分けられる。児童にとって、これらの音と文字の関係を意識的に学習するのは困難である。このように、英語の音と綴り字の関係にズレがあることが、英語を読むことを困難にしている（Pinter, 2017）。音と綴り字にズレがある単語が読めるようになるためには、まず当該の語の音と意味にある程度慣れ親しんでなければならない。したがって、中学年の外国語活動を通して、音声において多くの語彙に慣れ親しむことによって、高学年の外国語科において読み書きの指導が可能になることを肝に銘じておきたい。

　日本のように外国語として英語を学習する環境では、母語での読み書き能力を身につけることが先で、その後、ある程度英語の音声に慣れ親しんだ上で、読み書きに関心を示すようになったら、読み書きを指導するというのが一般的である（Cameron, 2001；Pinter, 2017）。しかし、母語で読み書き能力を身につけているからといって、それが英語の読み書き能力に容易に転移するわけではない。それは、英語の文字（アルファベット）と日本語の文字（ひらがな、カタカナ、漢字）が大きく違うことや、上述したように、英語の音と文字にズレがあるためである。ゆえに、英語の読み書きには丁寧な指導が求められる。母語でも読み書きの指導を十分に受けていることを思い出してほしい。小学校低学年で、ひらがな、カタカナ、漢字を学ぶ際に、繰り返し書き取りの練習をする。また、聞くことや話すことが問題のない児童の中に、読み書きが遅れる子がいるのもよく報告され、丁寧な指導が求められている。したがって、外国語である英語の読み書き能力を育成するためにも、丁寧な指導を行うのは自然な考え方である。

3　読むことの指導

　読めるようになるためには、様々な下位スキルが必要である（Cameron, 2001；Pinter, 2017）。中でも、新学習指導要領の外国語科の指導で最も関連が深いものは、「活字体で書かれた文字を識別する」スキルと「音声と文字を一

致させて語句や表現の意味を理解する」スキルである。以下では、それぞれの
スキルを育成する指導について簡単に解説する。

3.1　文字を読む指導

　読むことの最も基本的なスキルは、文字を識別することである[1]。具体的に
は、「活字体で書かれた文字を見て、どの文字であるかやその文字が大文字で
あるか小文字であるかを識別」したり、「活字体で書かれた文字を見て、その
読み方を適切に発音」したりするスキルである（文部科学省、2017b）。

　文字を識別するスキルを育成する方法としては、文字付き絵カードを使う、
身の回りの英語の文字を探す活動、英語の文字に対する認識を高める活動等が
挙げられる（文部科学省、2017c）。例えば、文字付きの絵カードを使ったり、
身の周りにある英語の文字を探して発表したりすることで、文字に対する興
味・関心をもたせることが可能である。また、英語の文字に対する認識を高め
る活動として、『Hi, friends! Plus』のデジタル教材を使い、小文字探し（Animal
Paradise）やアルファベットの文字当てクイズ等を行うことが考えられる。

　文字の読み方を適切に発音できるようにする活動としても、『Hi, friends!
Plus』のデジタル教材が有効である（文部科学省、2017c）。例えば、「What
color? Quiz」では、青の色カードをめくると、bの文字が提示され、クリックす
ると、/b/、/b/、/b/、/blúː/の音声が流れてくる。「仲間の言葉を集めよう」で
は、aを持つ単語の絵カード（例：あり、りんご、アメリカ）が示され、それら
の発音（/ǽnt/, /ǽpl/, /əmérɪkə/）を聞いたり、声に出しながら、/æ/の音を
確認したり、同じ音を持つ絵カードを探させたりする。また、「始まりの音が違
うのはどれでしょう」では、絵カード（例：マット、地図、網）が示され、それ
ら音（/mǽt/, /mǽp/, /nét/）を聞いたり、スペル（mat, map, net）を見たりして、
仲間外れの単語を探す活動を行う。さらに、ジングル（Jingle）では、/biː/（B）、
/b/、/b/、/béə/（bear）、/siː/（C）、/k/、/k/、/káʊ/（cow）、/diː/（D）、
d/、/d/、/dɔ́（ː）g/（dog）等とリズムよく聞かせたり、言わせたりする。

　十分に音声に慣れ親しんだ後で、大文字や小文字をなぞる、聞こえてきた文
字を○で囲んだり、印をつけたりする、一文字ずつ書くなどの練習を行う[2]。
また、自分の名前を書いて名刺を作ったり、インタビューをした相手の友達の

名前を書いたり、様々なゲームを行ったりして、文字を読むことに慣れ親しませたい。実際的な活動以外でも、児童の読みへの興味・関心を高める方法として、文字や身の回りの単語を掲示する、指導者がよく使う表現（クラスルーム・イングリッシュ等）を一覧にして掲示する、曜日や月の名前が書かれたカレンダーを掲示する等の工夫ができるであろう（Pinter, 2017）。

3.2　語句や表現を読む指導

　文字の後は、語句や表現レベルへと移行していくことになる。上述のように、文字と音を結びつける活動を丁寧に行っていると、推測して単語を読む指導を行うことができるようになる。例えば、aという文字をappleやantなどの単語を通して/æ/と発音することを習っているからこそ、animalの語頭やdanceの/æ/の音をヒントに、animalやdanceを推測しながら読むことも可能になるのであろう。また、様々なゲームを通して、単語のスペルにも慣れ親しませたい。例えば、メモリー・ゲームが比較的容易に取り組めるので紹介する。絵カード（文字なし）と単語カードを用意し、裏返した状態で、絵と単語カードが一致したら、両カードを取り、不一致であれば、両カードを裏返すというようなゲームである。これは神経衰弱の応用と考えてもらってよい。このゲームの他にも、単語をいくつか黒板に貼り、児童に目を閉じさせ、その間に一つの単語を抜き取り、What's missing? と尋ねて、児童が答えるというようなミッシング・ゲームも考えられる。さらに、絵本の読み聞かせを通して、単語の認識へと導いていきたい[3]。5、6年生用の新教材では、全UnitにStory Timeという読み聞かせが用意されており、有効に活用することが大事である。平成29年3月に文部科学省から配布された『In the Autumn Forest』や『Good Morning』の絵本も利用できる。

　表現や文を読む活動としては、どんなものが考えられるだろうか。まず、音声に十分に慣れ親しんだ表現や文を読むことが考えられる。例えば、6年生の新教材のUnit 5のLet's Read and Watchでは、それまでに慣れ親しんできたような英文（I went to the sea. I ate fish. I enjoyed swimming. It was fun!）を推測しながら読み、その内容を映像資料で確認し、再度音声にあわせて英文を読んだり、音声を消して読んだりということが想定されている。上述した

Story Timeもまさに読む活動である。さらに、音声に十分に慣れ親しんだ単語を並び替えたり、2つの文のうち正しい方を選択させたりする活動も考えられる（文部科学省、2017c）。例えば、音声で十分に慣れ親しんだであろうthe violin, play, Iの語句をバラバラに並べて、ペアやグループで協力して正しい語順で並び替えるような活動が考えられる。類似の活動として、〈主語＋動詞＋目的語〉の文を二つ（I like fish./I fish like.）を読ませて、どちらが正しい文かを判断させるようなものも考えられる。このような様々な活動を行うことによって、表現や文レベルで読むことに慣れ親しませることができる。

4 書くことの指導

「書く」といっても、（文字や単語を）なぞる、（単語や文を）書き写す、（文を）書く、手紙を書く、意見を書く、物語を書くなど様々なレベルが存在し、徐々に複雑なことができるようになってくる（Cameron, 2001；Pinter, 2017）。どのようなレベルを目標としているかによって、指導方法が異なるのは当然であろう。新学習指導要領の外国語科の「書くこと」の目標を確認して欲しい。それは、基本的に、音声で十分に慣れ親しんだ語句や表現が示されている中で、書かれたものを参考にして、書き写すということである。この目標を念頭に置いて、書く活動について簡潔に説明していきたい。

まず、書く活動を行う前に、十分に聞くことや話すことを通して、文字、語句、表現等に慣れ親しませることが何よりも大事である（Pinter, 2017）。音声に慣れ親しんでない文字、語句、表現を機械的に書かせるような活動は避けたい。書く活動を導入するタイミングとしては、書かれてある文字、語句、表現を指で追いながら何となく推測して言う（読む）ことができる段階が一つの目安になるかもしれない。次に、日本語と英語の文字体系が大きく異なるので、文字をなぞったり、書き写したり、四線上に書いたりすることから、徐々に慣れさせていくとよい[4]。例えば、『Hi, friends! Plus』のワークシートを活用して、大文字や小文字をなぞったり、大文字と小文字を並べて書いたり、空いている文字を書いてアルファベット順を完成させたり、アルファベット順に全部書いたり、指導者が言った文字を書くなど様々な活動が考えられる。さらに、語句や表現についても、基本的には文字と同様に、音声に慣れ親しんだ語句や

表現について、なぞったり、書き写したりすることから徐々に慣れさせていくとよい。その際、英語の語順、単語と単語の間にスペースを置くこと、コンマ、ピリオド、疑問符（？）、感嘆符（！）などの符号について、児童に問いかけながら気づかせるなどして、意識させたい。なぜなら、日本語と英語では語順が異なることや、日本語には単語と単語の間にスペースを置かないこと、符号のルールが異なるという特徴があるからである（大名・亘理、2017）。例えば、Sakura pushed Taku.とTaku pushed Sakura.では意味が大きくことなる（文部科学省、2017b）。

　ただし、ただ与えられた文字、語句、表現だけをなぞったり、書き写したりするだけでは児童の興味・関心を持続させていくことは難しい。ゆえに、書くことを指導するときにも工夫が必要である。例えば、相手に伝えるなどの意識を持たせて、児童自身に書き写したい語句や表現を選ばせることが考えられる（文部科学省、2017b, 2017c）。例えば、自分の行ってみたい国を紹介する単元（新教材５年生の「Unit 6　I want to go to Italy.」や『Hi, friends! 2』Unit 5）であれば、まず、自分の紹介する国（Australia）、場所（Uluru）、食べ物（Beef）などの単語をインターネットや本などで調べて書き写す活動が考えられる。次に、指導者などが書いた例文（I want to go to America. I want to see basketball games. I can eat hamburgers.）を参考に、下線部を自分の行きたい国やその理由に替えて、I want to go to Australia. I want to see Uluru. I can eat beef. のように文全体を書き写す活動が考えられる。このように、自分のことや身近で簡単な事柄（学校生活、日常生活、道案内、自己紹介等）について、相手に伝えるために書くという目的意識を持たせながら、書き写させることが大事である。

5　まとめ

　本章では、読み書きのプロセスやそれらに影響を及ぼす要因について簡潔に説明し、それぞれどのような実践を目指す必要があるのかを解説した。読み書きの体系的な指導に関しては、現行の学習指導要領では行われておらず、教員にとっても未知の分野で不安も多い。本章が読み書きの初期段階を指導する際のガイドラインになれば幸いである。

注

1) 外国語活動でも、「聞くこと」の活動として、「文字の読み方が発音されるのを聞いて、活字体で書かれた文字と結び付ける活動」を行うとされている。例えば、アルファベットの文字の発音を聞いて、どの文字かを特定させるような活動を指している。

2) 読むことに慣れ親しませるには、なぞったり、書き写したりなどの書く活動も取り入れられており、厳密に読む指導と書く指導を区別することは難しく、現実的には読み書きを同時に指導していると考えるのが妥当であろう（Cameron, 2001；Pinter, 2017）。

3) 英語の母語話者用の教材を使用して読み聞かせをするのを見ることがあるが、担任は避けた方が良いだろう。なぜなら、内容が幼稚だったり、内容を高学年にあわせると言語的にも難しかったり、文化的にも慣れ親しんでないものが多いからである。ALTや専科教員のサポートが必要である。

4) 中学年の外国語活動を通して、文字の名称には慣れ親しんでいるものの、アルファベット同士で似ているものや、大文字と小文字で異なるもの等があるため、児童が混乱すると想定される。ゆえに、アルファベットを全部一気に扱わず、少しずつ取り上げ、書く練習をすることが重要である。5年生の新教材では、Unitごとに大文字と小文字を少しずつ書かせる活動が想定されている。

＜お薦めや参考になる図書＞

アレン玉井光江（2010）『小学校英語の教育法：理論と実践』東京：大修館書店

＜参考文献＞

Cameron, L.（2001）. *Teaching languages to young learners*. Cambridge University Press.

文部科学省（2017a）『小学校学習指導要領』（http://www.mext.go.jp/component/a_menu/education/micro_detail/_icsFiles/afieldfile/2017/05/12/1384661_4_2.pdf）

文部科学省（2017b）『小学校学習指導要領解説　外国語編・外国語活動編』（http://www.mext.go.jp/a_menu/shotou/new-cs/1387014.htm）

文部科学省（2017c）『小学校外国語活動・外国語研修ガイドブック』旺文社

大名力（2017）「英語の発音と綴りの関係」酒井英樹・滝沢雄一・亘理陽一（編）『小学校で英語を教えるためのミニマム・エッセンシャルズ』（pp.66-77）大修館書店

大名力・亘理陽一（2017）「英語の書き方」酒井英樹・滝沢雄一・亘理陽一（編）『小学校で英語を教えるためのミニマム・エッセンシャルズ』（pp.78-90）大修館書店

Pinter, A.（2017）. *Teaching young language learners* (2nd ed.). Oxford University Press.

Ⅵ　第二言語習得研究の動向～近年の研究を読み解きます～

　本章では、第二言語習得研究（second language acquisition research、以下SLA研究と呼ぶ）の中でも、日本の小学校英語教育に関連の深く重要なテーマをいくつか選択し、近年の動向を確認する。また、近年のSLA研究に基づいて、2020年から正式に実施される中学年の外国語活動や高学年の外国語科への示唆も述べる。

1　SLA研究とは何か

　SLA研究とは、学習者が母語以外の第二言語（外国語）の音声、語彙、形態素、統語等を習得（学習）していくプロセスを解明する学問である（白井2008）。さらに、第二言語の習得プロセスを応用して、効果的な指導法や学習法を開発、検証、実践していくこともこの学問の重要なテーマである（鈴木2017）。

　SLA研究を理解するうえでは欠かすことができない基本的な専門用語の区別（第一言語と第二言語、第二言語環境と外国語環境）から始めたい。まず、第一言語（first language）と第二言語（second language）の区別である。第一言語とは、ほとんどの人が生まれてから最初に習得する言語のことであり、たいてい母親から学ぶことが多いため母語（mother tongue）とも言われる（本章では第一言語と母語を区別しない）。第二言語とは、私たちが少し成長してから学ぶ文字通り２つ目の言語のことである。例えば、日本語を話す両親の下に生まれて日本で育ち、小学校３年生の外国語活動で初めて英語を学んだ場合、日本語を第一言語、英語を第二言語という。また、SLA研究では、第三言語習得、第四言語習得などの多言語習得も第二言語の習得として扱うことも多い。

　もう一つの重要な専門用語の区別は、第二言語環境と外国語（foreign language）環境である。第二言語環境とは、学習言語が教室外でも話されている環境を指す。例えば、アメリカやイギリスのように学習言語としての英語がいたるところで話されている環境が第二言語環境である。一方、外国語環境とは学習言語が教室外ではほとんど話されない環境を指す。例えば、日本や中国のようにいったん教室を出ると英語が話されていない環境は外国語環境であ

る。これら第二言語環境と外国語環境の大きな違いは、外国語環境の場合には
インプット（input）の量が極端に不足しているという点である。

　以下では、近年のSLA研究のうち2020年から正式に実施される中学年の外
国語活動や高学年の外国語科に関連の深いテーマを取り上げる。

2　臨界期仮説－早ければ早いほどよいのか?

　レネバーグ（Eric Lenneberg）は、第一言語を習得するためには、ある一
定の時期（例えば、3歳から12歳）までに、その言語に触れる必要があるとい
う仮説を提唱した（Lenneberg 1967）。この仮説を臨界期仮説（critical period
hypothesis、以下CPH）と言う。この仮説をSLA研究に応用すると、第二言語
を母語話者並みに習得するためには、第二言語学習をできるだけ若い時期に始
める必要があるということになる。この仮説を検証した研究のうち最も有名な
もののひとつが、ジョンソン（Jacqueline Johnson）とニューポート（Elissa
Newport）の研究（Johnson & Newport 1989）である。彼らは、3〜15歳の間
に渡米した集団と、17〜35歳の間に渡米した集団の第二言語能力を比較し、前
者の3〜15歳の間の集団のみ、英語母語話者並みのレベルに到達していたこと
を報告している。この調査結果は、年齢が若ければ若いほど第二言語の習得に
有利であることを示している。彼らの研究以降、第二言語環境におけるCPH研
究が多く行われてきたが、それらの成果を総合すると、学習開始年齢が早けれ
ば早いほど到達レベルが高まるということがわかっている（バトラー　2015）。

　第二言語環境におけるCPH研究の結果を、そのまま外国語環境である日本
の小学校英語教育に応用可能だろうか。SLA研究者は、第二言語環境におけ
るCPH研究の外国語環境への応用に対して、細心の注意が必要であると警笛
を鳴らしている（バトラー　2015；新多・馬場　2016）。この文脈で最も引用
されている研究の一つであるムニョス（Carmen Muñoz）とその共同研究者に
よる研究を紹介する（詳細はMuñoz 2006を参照）。彼女らは、週に3、4時間
程度、目標言語として英語を学習するスペイン人（8歳から大人）を対象に、
指導開始時から1〜3年後にさまざまなテスト（音声、語彙、文法、読解、作
文等）を実施した。その結果、11歳以降に学習した集団のほうが、8歳で学習
した集団よりも、テストの成績が全体的に優れている傾向にあった。この結果

は、外国語環境において、学習開始年齢を早めても目標言語の習得が効果的に進むとは限らない可能性を示している（バトラー　2015）。

　これらのCPHに関するSLA研究を考慮するならば、日本の小学校英語教育への重要なメッセージとして、低年齢化の効果に過度な期待を抱かないということが挙げられるだろう。日本のような外国語環境では英語のインプット量が圧倒的に不足している。したがって、開始年齢を早めることによる効果に過度に期待せずに、むしろインプットの質を高める手立てや工夫（例えば、教授法）に関する議論を今後は深めていくべきではないだろうか。ただし、そのようなインプットの質に関する現在のSLA研究（例えば、指導者と学習者のやり取りの方法の違いが目標言語の習得に及ぼす影響の研究）は、大人を対象としたものがほとんどであり、それらの成果を子どもに直接応用可能かどうかについてはいままさに研究が続けられている。以下では、インプットの質を高める教授法に関する近年のSLA研究を中心に紹介していく。

3　インタラクションのパターン−大人と子どもは違うのか?

　指導者とのインタラクションや説明を通して、目標言語にとって何が正しくて、何が間違っているのかという情報（インプット）を受け取ることで、第二言語の習得が進んでいく。インタラクションは、学習者の年齢に関わらず、教室で目標言語を習得するには欠かせない。学習者は、インタラクションに参加することで、インプットを受け取り、アウトプットを行い、フィードバックを受け取る。このプロセスを通して、目標言語を徐々に習得していく。1980年代以降、インタラクションに関するSLA研究は大人を対象とするものが多かったが、近年は子どもに関する研究も増えてきている。その結果、インタラクションのパターンが、子どもと大人で異なるだけでなく、子どもの年齢によっても異なる可能性が指摘されている。この違いは、大人を対象としたインタラクションに関する研究で分かったことを、そのまま子どもに応用することには慎重であるべきこと、また子どもの年齢にあわせてインタラクションを工夫していく必要があるということを示唆している。

　第二言語環境下で大人と子どものインタラクションのパターンの違いを示した研究として、オリバー（Rhonda Oliver）による研究が挙げられる（Oliver

2002)。オリバーの研究では、学習者同士のインタラクションのなかで、様々なやりとりのタイプの頻度が調べられている。やり取りの対応としては、「明確化の要求（相手に再度言ってもらう）」や「確認チェック（相手の言いたいことを確認する）」、「理解チェック（相手が自分の言っていることを理解しているかどうかをチェックする）、「繰り返し（相手に発言を繰り返させる）」等であった。その結果、これらのカテゴリにあてはまるやり取りの頻度が、子どもは大人に比べて少ないということがわかった。また子どもは、会話の相手が自分の発話内容を理解しているかをチェックすること、つまり理解チェックの回数が少なかったのも興味深い特徴である。

　大人と子どものインタラクションのパターンの違いに関する研究は外国語環境でも行われてきている。例えば、ピンター（Annamaria Pinter）の研究では、10歳の子どもと大人を比較して、学習者同士のインタラクションにおける発話を分析した（Pinter 2006）。研究の結果、子どもは、大人と比べて、教師とのやり取りが少ないことや、そのやり取りの種類が限定的であること、第一言語を使用する傾向が強いこと等がわかった。

　子どもの年齢（例えば中学年と高学年）の違いによってインタラクションのパターンが異なることを明らかにする研究は、大人と子どもの比較研究と同様に、第二言語環境（Oliver 2002）に加えて、外国語環境でも行われている。例えば、バトラー（Yuko Goto Butler）とゼン（Wei Zeng）は、中国人の小学校 4 年生と 6 年生にある課題を課して、子ども同士のペアとのやり取りを記録し、両者の違いを比較した（Butler & Zeng, 2014）。その結果、4 年生は、6 年生に比べて、ペア同士でトピックをうまく発展させられなかったり、定型表現ばかりを用いてやりとりしたりするということが判明した。

　このように、近年のSLA研究によって、子どもは大人よりもインタラクションを積極的に行わない傾向にあるということ、またインタラクションのパターンが児童の年齢によっても異なるということが明らかにされつつある。このことは日本の小学校英語教育においても、指導者が児童の発達段階に合わせて、彼らとのやりとりを柔軟に行う必要を示唆している。

4　インタラクション中のL1使用－大人と子どもは違うのか?

　外国語活動や外国語科においては、指導者と児童だけではなく、児童同士の
インタラクションも大事になってくる。しかし、指導者の中には、児童同士の
ペアワークやグループワークになると、児童が日本語を使用する割合が多くな
ることを懸念する方も多い。2000年以前のSLA研究においても、第一言語使
用は目標言語の学習にとってよくないという考え方も多くみられた。しかし近
年では、適度な第一言語使用は目標言語の学習にむしろ効果的に作用するとい
う報告がなされはじめている。例えば、スウェイン（Merrill Swain）とラプ
キン（Sharon Lapkin）は、イマージョン環境（目標言語が学校外でも使用さ
れている状況で教科学習を目標言語で行う）でフランス語を学ぶ8年生（日本
でいう中学2年生に相当）が、ある課題を行っているときの第一言語の利用を
観察した（Swain & Lapkin 2000）。その結果、学習者は、その課題を円滑に
進めたりするために、またタスクの内容を理解したりするために、第一言語を
使用していることを確認した。この第一言語の利用は、全てのやりとりのなか
の25%を占めていた。

　中学生を対象としたスウェインとラプキンの研究以降、大人だけではな
く、児童を対象とした研究も出始めている。例えば、アズカライ（Agurtzane
Azkarai）とガルシア　マヨ（María del Pilar García Mayo）は、9～10歳の
スペイン語を母語とする英語学習者が、ある課題を行うときのスペイン語の使
用や機能について調べた（Azkarai & Garica Mayo 2016）。その結果、学習者
がそのやり取りにおいて第一言語を使用するのは36%以下であること、第一言
語を利用する理由は様々であることが報告された。第一言語を使用する理由と
して、語彙が分からなくて置き換える、助けが必要なことを示す、タスクを円
滑に進めるなどがあった。

　このように、近年のSLA研究では、第一言語を使用することによって、課
題の遂行が容易になり、結果として目標言語の習得が進むのではないかと考え
られている。第一言語使用に関するSLA研究は、外国語活動や外国語科の授
業に以下のような指針を示してくれる。例えば、児童が日本語で答えたり、日
本語で話す際には、彼らが語や表現を英語でなんと言うか忘れてしまっていた
り、活動の遂行に何らかの困難を示している大事なサインとして受け止める必

要がある。そのうえで、指導者は、児童の日本語を英語で言い直してあげたり、あるいは適宜日本語で本当に言いたいことの確認を行ったり、困っていることのサポートをしてほしい。私たちにとっての日本語（第一言語）は考えるための大切な道具なのだから。

5　学習環境がインタラクションに与える影響

　これまでのSLA研究は、第二言語環境、外国語環境、イマージョン環境で主に行われ、子どもの第二言語の習得プロセスの理解や効果的な指導法に関する知見が蓄積されてきた。近年、ヨーロッパを中心にクリル（CLIL: content and language integrated learning）というプログラムが盛んに行われており、これに関する研究が増えつつある。クリルとは、簡単に述べれば、外国語環境において、教科学習を目標言語で行うというものである。そのため、目標言語でのインタラクションが、クリル環境（条件）の場合のほうが、従来の外国語環境の場合よりも、豊富で、その結果として、高い目標言語の習熟度に達すると考えられている。日本の小学校においても、カリキュラム全体を目標言語で学習をするハードなタイプから、クリルの要素を授業一部に取り入れるソフトなタイプまで、様々ではあるが導入されつつある。

　それでは、クリルで学ぶ場合（クリル学習）と外国語環境で通常通り学ぶ場合では、インタラクションにはどのような違いが見られるのだろうか。ある研究では、8〜10歳のクリル学習者と外国語環境下で目標言語を学ぶ学習者を比較し、インタラクションのパターン（特に第一言語の使用）について検証している（Garcia Mayo & Angeles Hidalgo 2017）。その結果、クリル学習者は、外国語環境下で目標言語を学ぶ学習者よりも、第一言語の使用が少ないことがわかった。このことは、クリル学習者は一般的に目標言語の習熟度が高いため、第一言語に頼らなくてもよいということを示唆しているのかもしれない。また別の研究では、スペインの9〜12歳のクリル学習者と外国語環境下で目標言語を学ぶ学習者を比較し、インタラクションのパターンについて検証している（Azakarai & Imaz Agirre 2016）。その結果、外国語環境下で目標言語を学ぶ学習者のほうが、タスクを行う際に、より多くのインタラクションを行うことが示された。外国語環境下で目標言語を学ぶ学習者は目標言語の習熟度が

低いため、課題を遂行するためにより多くのインタラクションを行う必要が
あったと考えられる。

　クリルと外国語環境の比較研究はまだ始まったばかりであること、またクリ
ルとその他の学習環境についてはほとんどないことを考えると、今後こういっ
た研究が蓄積されることが期待される。学習環境がインタラクションのパター
ンに重要な役割を果たす可能性は、日本の小学校英語教育にも示唆を与えるか
もしれない。例えば、典型的な外国語環境である日本においても、クリル
（もしくはクリル的な要素）を導入することによって、インタラクションを豊
富に確保することができるだろう。

6　今後のSLA研究の方向性

　これまでの子どもを対象としたSLA研究は、口頭タスクにおける口頭によ
るインタラクションに注目してきたが、今後必要な研究として、まず、筆記
タスクにおける口頭によるインタラクションが挙げられるだろう。例えば、
ペアやグループで話し合いをしながら協力して作文を書いていく協働作文
（collaborative writing）に関するストーチ（Neomy Storch）の研究が参考に
なる（Storch, 2015）。さらに、筆記タスクにおける筆記によるフィードバック
に関する研究も今後必要であろう（Coyle,& de Larios, 2014）。

＜お薦めや参考になる図書＞

バトラー後藤裕子（2015）『英語学習は早いほど良いのか』東京：岩波書店.
白井恭弘（2008）『外国語学習の科学 − 第二言語習得論とは何か』東京：岩波書店
鈴木渉（編）（2017）『実践例で学ぶ第二言語習得研究に基づく英語指導』東京：大修
　　館書店

＜参考文献＞

Azkarai, A., & García Mayo, M. D. P. (2016). Task repetition effects on L1 use
　　in EFL child task-based interaction. *Language Teaching Research, 21*. doi: 10.
　　1177/1362168816654169
バトラー後藤裕子（2015）『英語学習は早いほど良いのか』東京：岩波書店.
Butler, Y. G., & Zeng, W. (2014). Young foreign language learners' interactions
　　during task-based paired assessments. *Language Assessment Quarterly, 11*, 45-75.

Coyle, Y., & de Larios, J. R.（2014）. Exploring the role played by error correction and models on children's reported noticing and output production in a L2 writing task. *Studies in Second Language Acquisition, 36,* 451-485.

García Mayo, M. D. P., & Hidalgo Gordo, M. D. L. A.（2017）. L1 use among young EFL mainstream and CLIL learners in task-supported interaction. *System, 67,* 132-145.

Johnson, J. S., & Newport, E. L.（1989）. Critical period effects in second language learning: The influence of maturational state on the acquisition of English as a second language. *Cognitive Psychology, 21,* 60-99.

Lenneberg, E. H.（1967）. *The biological foundations of language.* Wiley.

Oliver, R.（2002）. The patterns of negotiation for meaning in child interactions. *The Modern Language Journal, 86,* 97-111.

Muñoz, C.（Ed）.（2006）. *Age and the rate of foreign language learning.* Clevedon, UK: Multilingual Matters.

馬場今日子・新多了（2016）『はじめての第二言語習得論講義―英語学習への複眼的アプローチ―』東京：大修館書店.

Pinter, A.（2006）. Verbal evidence of task related strategies: Child and adult interactions. *System, 34,* 615-630.

白井恭弘（2008）『外国語学習の科学－第二言語習得論とは何か』東京：岩波書店

鈴木渉（編）（2017）『実践例で学ぶ第二言語習得研究に基づく英語指導』東京：大修館書店

Storch, N.（2015）. *Collaborative writing in L2 classrooms.* Multilingual Matters.

Swain, M., & Lapkin, S.（2000）. Task-based second language learning: The uses of the first language. *Language Teaching Research, 4,* 251-274.

コラム１　研修・参考図書解題

　小学校外国語活動、外国語科で授業を担当される先生方に、英語を学ぶ際の研修・参考図書として次の図書を推薦したい。英語指導の一助となれば幸いだ。

　文部科学省が編纂した『Hi, friends! 1,2』『Hi, friends plus』とともに、付属の音声教材の活用が考えられる。また、文科省のホームページからダウンロードできる『小学校外国語活動・外国語研修ガイドブック』がある。まず、それらの英語音声をよく聞いて、まねて話してみることを試みる。英語力を高めることはもちろん教材研究にもつながる。

　さらに、英語そのものをバランスよく学びたい先生方に推薦できる図書として、

●Ｗ.Ｌ.クラーク（2006）『アメリカ口語教本・入門用』東京：研究社

がある。「アメリカ口語教本」は、学習者の習熟度に応じて、「入門用」、「初級用」、「中級用」、「上級用」の４冊が出版されている。約50年にわたるロングセラーで、会話、文法、発音などを体系的に着実に学ぶことができる。（ＣＤ付属）
さらに、英語の発音（英語音声学）を基礎からしっかり学びたい方には、

●竹林　滋・斎藤弘子（2008）『新装版英語音声学入門』東京：大修館書店

が定番である。また、英文法を基本からやり直したい方に最適な入門書として、

●江川泰一郎（2014）『英文法の基礎』東京：研究社

を推薦したい。英語力の土台となる部分を精査して、著者が心を砕いて書き下ろし長く読み継がれてきた英文法入門書である。さらに詳しく学びたい方には、

●江川泰一郎（1999）『英文法解説』東京：金子書房
●綿貫　陽他（2000）『徹底例解ロイヤル英文法』東京：旺文社

などがある。学校文法を緻密に体系化した図書で、英文法の疑問点や不明な点に遭遇した際には、辞書のように活用することができる。

第2章　実　践　編

★実りある実践につなげるために（解説）！

　理論編を受けて実践編の内容は次の通りであるが、実践編の内容（コラム欄も含む）を実りある実践につなげるためのいくつかの視点を示したい。

　実践編の内容は、香川県直島町立直島小学校の実践が中心にまとめられている。直島町では、町長の発案とリーダーシップにより、1988年に町独自でALTを町内の小学校に招聘、直島小学校において英語指導を始めた。大阪市立真田山小学校、味原小学校が、当時の文部省から「研究開発校（英語活動）」の指定を受けたのは、1991年のことである。2011年（平成23年）から2013年（同25年）の3年間、直島小学校は、文部科学省の指定を受け3年生から6年生まで英語を教科として指導した。現在まで、30年近くの英語指導の研究と実践のエッセンスが実践編に凝縮してまとめられている。

　実践編を読み解き、これから小学校外国語活動や外国語科の指導の参考として本書を有効に活用するための視点を4点、示したい。

（1）理論編の内容を教室や学校内で具体化するための手立てを考えてみる。
（2）学習指導要領（小学校外国語活動、小学校外国語科、中学校外国語科）及び各「解説」巻末の表に、ひと通り目を通す。
（3）実践編で提案されている活動は、そのまま活用するのではなく、子どもの実態に応じて、必ず、一工夫加えて実践する。
（4）万一、実践の結果や、理論編と実践編の説明が乖離している場面に遭遇した時は、子どもの実態からそれらを再考し修正する。

　まず、（1）については、理論編一読後、実際に、理論編の内容をどのように、具体化することができるか、それぞれが、現在、自分のおかれている環境、たとえば、現在の勤務校において、また、これから小学校教員になることを希望

している学生諸君においては、実習校の様子を念頭におきつつ一考願いたい。

　理論編で説明している要諦は、外国語習得のために子どもたちが、可能な限り当該外国語、英語に触れる機会や場面を得ることで必要であり、重要である、ということであり、その根拠となる考え方がまとめられている。

　次に、（2）については、学習指導要領そのものを一読願いたい、その読み方、考え方については本書の中で示めした。紙幅の関係で本書においては、巻末資料として、新しい「学習指導要領」の「解説」に掲載された表、「『外国語活動・外国語の目標』の学校段階別一覧表」「『外国語の言語材料』の学校段階別一覧表」「『外国語活動・外国語の言語活動の例』の学校段階別一覧表」を掲載した。学校間の接続、連携に必須の事項である。小学校、中学校の英語教育全体を見通しつつ、示された3つの表をもとに、実践編に紹介されている活動を確認し、教室内で実践することが大切である。

　さらに、（3）については、前述のとおり直島小学校の豊富な実践例が紹介されている。特に、30年近くに及ぶ内容がⅦ、Ⅷ、Ⅸの3章に凝縮している。小学校（中学年）と小学校（高学年）の発達段階に応じた活動が提案され、また、なかには、低学年（1年生、2年生）を想定した活動も示されている。これらの活動を、（1）と（2）の視点を踏まえつつ、自分の目の前にいる子どもたちにそのままの形で実践することなく、必ず、その子どもたちの実態、英語にどのように触れてきたか、などの所謂、英語の学習歴をも踏まえつつ、本書で紹介、提案されている活動に一工夫加えて実践することが望まれる。

　最後に、（4）について、これは、（1）〜（3）の視点とも深くかかわることであるが、本書の理論編と実践編の内容は、授業実践の結果、見直しが必要になった場合には、それらを見直すことが必要である。その拠り所は、子どもたちの実態にある。このことが、所謂、理論と実践の架け橋、往還、融合に至る教室の授業実践を基盤とした新たな実践研究の創造につながる。

　最後に、評価については実践編では4観点での評価を示している。今後、3

観点の評価の研究が進むと思われるが、その過渡期として、参考事例として4観点評価の例を取り上げているので参考にしていただきたい。

Ⅶ　小学校英語（中学年）指導の実際

　小学校中学年の子ども達は、知識欲や行動欲にあふれている。身の回りのいろいろなものに興味を示し、友達といっしょに活動することを好む。だんだん抽象的な思考に移るとはいえ、まだ、具体的対象物や直接知覚で学ぶことが多い。

　この時期の英語指導においては、英語の音声に触れる機会を多くし、感覚的に英語の音声の特徴を感じ取らせることが大切である。身の回りのものを英語で聞いて分かったり、英語で言えたりすることが増えると、もっと知りたいという知識欲や好奇心が高まる。同時に、口に出して言ってみようとする。このような子ども達の特性をうまく生かして、語彙を広げることと、友達と英語を使って、楽しく、協力して活動することを通して英語を使ったコミュニケーションの基本的な姿勢を育てることに留意して指導したい。

1　「英語で何というのか」を知りたい気持ちを高める

　子ども達は2年時にカタカナを学び、日常生活でも多くのカタカナ語を使っている。カタカナ語は、外来語や和製英語、短縮語など多様ではあるが、英語の語彙を扱う入門期には、子ども達が知っているカタカナ語（日本語）と英語での言い方を比べる活動をうまく取り入れて、英語の音声の特徴に気づかせたい。中学年の子ども達は、強弱がある単語や日本語にはない子音で終わる単語などを、指導者の口元を見ながら発音してみることに楽しんで取り組み、英語で言える言葉がどんどん増えていくことを実感する。その学習過程で、英語の音声の特徴に気づいたり、言葉への興味・関心を高めたりする。

　直島町立直島小学校では、第2学年で、英語からの外来語で簡単なものを、また、第3学年で、和製英語や短縮語を中心にして、児童自らが英語でどのように言うのか知りたい語を持ち寄ってALTに自ら尋ねる単元を設定している。

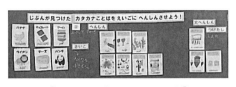

【図1　児童が尋ねた言葉】

【図2　ALTに尋ねる場面のやりとり】

【単元名「カタカナ英語」】

　児童は、日本語が分からなくても理解してもらえるように、尋ねたい語を絵に描き、ALTに英語での言い方を尋ねていく。

　ALTが言う英語をまねて言いながら、カタカナ語を「ちょっと変身したもの」(コップ、スプレー、ベル、ジュース、サッカー、ライオン、アイスクリーム、バナナ、カレンダー、チューリップ、コアラ、アクセサリーなど)と「大変身したもの」(エアコン、アイス、クーラー、ノート、ピーマンなど)に分けていく。

　児童は、発音を比べて、「強く言う」「上がって下がる」「リズムが変わる」などと、音の強弱に気づいている。また、「最後が下がる」「最後がなくなる」「最後が小さくなる」などの言葉で、子音で終わる語の変化にも気づいている。また、「カタカナより速く言う」「ちょっと音が変わる、カップでなくカッp」などの声も聞かれる。一つ一つの語を正確に発音できるということを求める時期ではなく、児童なりに英語の音声への気付きを意識して英語をまねて言うこ

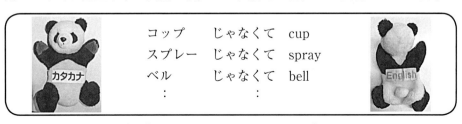

【図3　2年生が作ったチャンツ】

We call パン.	"Bread" in English.
We call ホッチキス.	"Stapler" in English.
We call マロン.	"Chestnut" in English.
We call ナイター.	"Night game" in English.
We call バイク.	"Motorcycle" in English.
：	：

【図4　3年生が作ったチャンツ】

とが大切であると考えている。みんなで集めた言葉は、リズムに乗せて言うことで何度も繰り返し、言い慣れていくのである（図3、4）。

2　歌やチャンツで楽しく繰り返し、英語の音声に慣れる

(1)　歌の多様な活用

① 場面の切り替え、雰囲気作りとして活用する。

　　○授業のスタートや終わりに使う。

　　○活動時間の目安やBGMとして使う。

② 題材・活動と関連させて使う。

　　○あいさつ、名前

　　　低学年が大好きな歌の一つである。歌詞をすぐ覚えて歌うことができ、歌の中で楽しく動作を付けながら順に自分の名前を言うことができる。

♪Let's Be Friends♪
前奏（6人組で輪になり手をつなぐ）
Hello, friends.　　　(みんなに手をふる)
Nice to meet you.（手をつないで振る）
Hello, friends.　　　（みんなに手をふる）
Let's be friends.　　（手をつないで振る）
間奏　　　　　　　　（手をつないで回る）
I'm _____. I'm _____. I'm _____.（一人ずつ名前を言う）
I'm _____. I'm _____. I'm _____.
Nice meet you. Let's be friends.（決めポーズであいさつをする）

【図5　Let's Be Friendsの活動】

○数字

簡単で、数字やルールを変えながら歌うことができる。後にABC song
としても歌うことができる。

♪Seven Steps♪

One, two, three, four, five, six, seven

One, two, three, four, five, six, seven

One, two, three

One, two, three

One, two, three, four, five, six, seven

※歌に合わせて歩く　※最後のsevenでちょうど席に帰るように歩く
※数字を変えて歌う　※決めた数字の所で手をたたく　など

【図6　①　Seven Stepsの活動】

③　歌って覚える。

　曜日や月、世界のあいさつなど、歌うことですぐ覚える。「曜日」は、
漢字と関連させてポーズを付けて歌い（図6　②）、「月」は、最初の文字
を体で表現して、楽しみながら歌っている。覚えることで自信にもなるよ
うだ（図7）。

♪The Days of the Week♪

Sunday	（「日」のポーズ）
Monday	（「月」のポーズ）
Tuesday	（「火」のポーズ）
Wednesday	（「水」のポーズ）
Thursday	（「木」のポーズ）
Friday	（「金」のポーズ）
Saturday	（「土」のポーズ）

「木」のポーズでThursday

【図6　②　Seven Stepsの活動】

♪Twelve Months of the Year♪
　　January, February, March
　　April, May, June, July
　　August, September, October
　　November and Dicember

【図7　Twelve Months of the Yearの活動】

(2)　チャンツ

①　リズムに合わせてまねて言う。

　　単語などを繰り返し言う活動では、リズム楽器がおおいに役に立つ（図8）。リズムに乗ることでまねて言い易くなる。また、いろいろな動詞の絵もジェスチャーといっしょに楽しく繰り返して言うことに役立つ（図9）。

【図8　英語教室のキーボード】

【図9　Verb Chant用の絵】

②　ストーリー仕立てのチャンツ

○Bear Hunt

　　草むら、泥土、川を越えて熊狩に行き、クマに出会ってびっくりして同

Let's go on a bear hunt.
All right. Let's go.
Here's a garden gate.
No way over it.
No way under it.
Let's go through it.

some long grass
a muddy field
a wide river
a dark cave

【図10　Bear Huntの文と絵】

じ道を帰るというストーリーを1行ずつまねて言うチャンツである（図10）。

○自作チャンツ：Morning Chant

　朝起きてからすることを動作をつけてチャンツで練習する。円になり、中央に鏡を置いてスタートする。フレーズをまねながら動作をして、最後は鏡をのぞき込んで決めポーズをとる。

Wake up（Wake up）

Go to the mirror. (Go to the mirror.)

Brush my teeth.（Brush my teeth.）Brush, brush!（Brush, brush!）

Wash my face.（Wash my face.）Wash, wash!（Wash, wash!）

Comb my hair.（Comb my hair.）Comb, comb!（Comb, comb!）

Looking cool!（Looking cool!）

【図11　Mornig Chantのフレーズ】

③　クイズ形式のチャンツ

　単純にまねて言うだけでなく、"What's the color of a banana ?" のようにクイズ形式になっているチャンツもあり、よく聞いて考えて言うことにつながる。

④　覚えて言う。

　繰り返しのあるストーリーを覚えて言うことで、英語独特のリズムを体得することにつながる。♪Five Little Monkeysは子ども達が楽しく元気に動作を交えて楽しんでいる。

3　ゲーム的な活動を通して英語を聞いたり話したりする機会を増やす

　新しく知った単語に慣れ親しませるためには、何度も聞いたり言ったりすることが必要になる。ゲーム的な要素がある活動は、子ども達が飽きずに繰り返し語彙に触れていくことができる。これまでの外国語活動で子ども達が親しんできた「キーワードゲーム」、「おはじきゲーム」、「ポインティングゲーム」などは、一度ルールが分かれば、題材を選ばず手軽に行うことができる。勝敗に気を取られて活動のねらいにそぐわなくなる場合があるので、次のような点に留意して工夫しながら活用したい。

| 勝敗がつき、競争するゲーム | | 勝敗は運に左右されるようなルールにする。 |
| | | ペアやグループで協力して活動できるルールにする |

（1）英語を聞いて分かるようになるためのゲーム

①　キーワードゲーム

・キーワードを聞いたら、たとえばペアの間においた消しゴムを取る。

・新しい単語を繰り返し聞いて発音するのによい。

課題：「競争」が加熱しがちで、ねらいからずれる場合がある。

改善1：拍手などを入れてテンポよく言うと同時に、消しゴムまでの距離を
　　　　平等にする。　　　T: apple, S: apple, ★★（拍手）

改善2：キーワードでの動作を代える。

　　-例-★　ペアで、図のように構え、キーワードを聞いた瞬間に一方は口を
　　　　　閉じ、一方は手を抜く。

　　　　★　ペアで、キーワードの時だけハイタッチをする。

②　おはじきゲーム

・児童に設定された単語などを繰り返し聞いて発
　音するのによい。

　ものの絵などがえがかれたシートの上に自分
がおはじきを置いた所の英語が聞こえたらおは
じきを取る、文を聞いて聞こえた単語におはじ
きを置くなど、ルールを工夫する。

【図12　おはじきセット】

課題：「おはじき」の準備や片付けに時間がかかりがちになる。

改善：小さな袋で、「すぐ使える」「すぐ片付けられる」ように管理する。

③　ポインティングゲーム

・聞いた言葉の絵を探して指で押さえる活動で、手軽に取り組める。

・一人でもできるが、友達と確認し合って活動する方が楽しく取り組める。

　　○ペアやグループで行う。

　　　・ペア（グループ）で一つの教科書（絵）を使って、聞いたものを指で
　　　　押さえる（図13）。（早く見つける楽しさと、合っているかどうか確認

できる。）

○選択肢を広げて、選べるようにする。

-例- 「色」と「形」の図形

・「色」でポインティングゲーム

"red" と聞くと３つから好きなものを指せる。

・「形」でポインティングゲーム

"triangle" と聞くと３つから好きなものを指せる。

【図13　ペアでゲーム】

・「色」と「形」でポインティングゲーム（図14）

"a red circle" と聞くと一つを探すことになる。

○ゲームのルールに変化をつける。

・単語の数を増やして、複数個の絵を複数の指で押さえる。

・"I like yellow." など、文の中の語を捉えさせる。

○紙面上でのゲームから実物へと発展させる（色、形、文具、持ち物など）

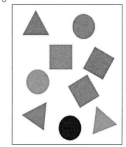

【図14　色・形のカード】

・"Touch something green." で身の回りにある緑のものに触れる。

④　モンスターゲーム・・・みんなでまねて言う（要スペース）

・絵カードは黒板に貼っておいて、その中からキーワードを決める。

・円になって一方方向に（色のカードなら）red（red）、Yellow（yellow）とリピートしながら歩き、キーワードが聞こえたら好きなポーズをして静止する。

・モンスターが登場して、動いていないかチェックして回る。動きを見つけられたら（パクッとかまれたら）輪から出て一回休んで、次の回からまた参加する。

【図15　モンスター】

※歩くことで全員のリズムができ、何度も繰り返せる。また「静止する」ことで「動」と「静」のメリハリがつき、活動がしまる。

(2)　子供の発話を促すゲーム

発話を促すには、ある程度の範囲内での言葉を推測して当てるなど、偶然性や間違いを恐れず口に出せることが大切である。

① **推測する活動で、多くの発話を促す。**

　○Missing Game

　　言い慣れた単語カードを並べ、目
を閉じている間に除いたカードを当
てる。

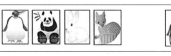

【図16　Missing Game】

　　絵カードを集中して見る良さがあるが、他のカードが見えているので、
答えは限られ、確信がないと発話しにくい面がある。

　○Guess What Game

　　絵カードでリピートして口慣れた後、束ねて裏側を見せ、What's this
(card)？などと尋ねる。当たれば、次のカードへとどんどん進む。

　※「予想して言う」「当たるのは偶然」（次第に限定されてくるが）とする

　　ことで、多くの児童が自由に発話する。

　○探偵ゲーム（Go fishing Gameのルール）

　　何人かの児童が、絵カードを裏にして体の前
にもち、並んで立つ。カードをもっていない
児童が、"○○さん、Do you have…？" と聞く。
持っていれば "Yes, I do. I have…" と言って

【図17　探偵ゲーム】

席に帰る。持っていなければ "No, I don't." 答える。

　※Guess what Gameと同じ発想だが、児童同士で活動できるのがよい。

② **自分の身の回りにあるものから自由に探させる。**

　・"Tell me something red." と質問して、児童が言葉を見つける（図18）。

　※知っている語から想像したり、ALTに直接聞いたりできる。

③ **言いたい、尋ねたい気持ちを高める。**

　自分が考えたことや自分が作った友達同士でクイズを作って出題し合うこ
とで、児童の言語活動は活発になる。「一部見せクイズ」では、1分程度で

apple

？

「消防車」って何というのかな？
fire? car?

聞いてみよう！
What's 消防車in English, please?

【図18　言葉集め】

簡単に書く絵を使ってWhat's this?と尋ねる。尋ねられた児童は、想像しながらいろいろな答えを言うことができ、分からなければHint, please.と、ヒントをもらいながら会話を続ける。

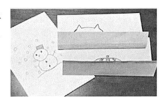

【図19　自作の絵】

　子どもの考えをもとにしたこのような教材は、既成の教材を使うよりも楽しく、盛り上がる。

4　コミュニケーションの基本を学ばせる

　歌やチャンツ、またゲームなどを通して新しい語彙や英語表現に慣れてくると、友達同士で英語を使って尋ねたり答えたりする活動ができる。簡単な内容であっても友達と英語で会話をする楽しさがある。

　その際、中心表現を使うことだけに気を取られていないだろうか。英語表現や伝えたい内容、また、コミュニケーションのマナーなどにも留意しながら、英語を使ってコミュニケーションを図ることの基本的な態度は、中学年から継続的に育てていきたい。そのために、次のようなステップを参考にして、現在児童はどのステップまでできているのかを見て、よりよいコミュニケーション活動になる視点を与えていくことが大切である。

Step1：与えられたものを使って会話の仕方に慣れる（図20）。

【英語表現】中心表現だけを使って尋ね合う。

【内容】与えられたカードを「自分が好きな動物」として尋ね合う。

【会話の仕方】eye contact（顔を合わせて）、smile（笑顔で）、clear voice（相手が分かる声）に気を付けてやりとりする。

【図20　中心表現に慣れる】

【図21　自分の思いを伝える】

Step2：自分の思いや考えを尋ね合う（図21）。

【内容】・自分が選んだもの（自分の思い）を尋ね合う。（児童の実態に合わせて、選択肢の中から選んだり、自由に決めさせたりする。）

【会話の仕方】自分が選んだものを相手に伝える工夫をする。（ジェスチャーなど）

Step3：自然な流れで会話をする（図22）。

【英語表現】あいさつなどを入れて、より自然な会話にする。

　　最初：Hello. Hi. Excuse me.

　　最後：Thank you. See you. Bye.

【会話の仕方】Eye contactを意識する、最後まできちんと聞くなど、マナーに留意する。（相手を大事にして会話をする）

【図22　会話のマナー】

Step4：会話の継続を意識する（図23）。

【会話の仕方】相手の返事（内容）に反応する。

　　返事を確認する：Oh, dogs. You like dogs.

　　付け加える：Me, too. Cute!

【図23　会話の内容に反応する】

5 　中学年でのAll Englishの授業のコツ

　「ゲームだけでは」という声をよく聞くのは、「競争するゲーム」だけではだめということで、むしろ、「子ども同士で英語だけを使って協力してゲーム的な活動で遊ぶ」ことができれば、英語できちんとやりとりすることもできるようになる。これも、ペア活動でありグループ活動だと捉える。

　ラッキーカードゲーム（図24）を通して、指導者も子ども達もほぼ英語だけを

【図24　ラッキーゲームの教材】

使って活動することを考える。

【指導者側の視点】

　「○○ゲーム」だけでなく、準備から片付けまで、各場面をコミュニケーション活動と捉える。

【子ども側の視点】

　英語を知っているほど勝てるゲーム、速さばかりを競うゲームは全員が楽しめない。そこで、勝敗は偶然のルール（最後にラッキーカードを持っていれば勝つ）で、「子どもだけで英語を使って活動できたこと」に価値を置く。

　　ルールを全て説明してから活動を始める。
　　「今からジェスチャーゲームをします。ペアのひとりが前に来て先生が見せる絵を見て、それを友達に伝えます。何の絵か英語で当てましょう。」

○活動を区切る。
○場面に合わせて、3〜5語程度の簡単なクラスルームイングリッシュで指示する。

　　"OK?"　で済ませていませんか？

OK?　　Are you ready?
　　　　Do you understand?
　　　　Are you finished?
　　　　Good! Great! …

6　子どもとのやりとりがある場面を作り出す

(1)　What's this? クイズを通して（大学生の模擬授業より）

　図25は、大学生が作成したシルエットクイズの教材である。自作ボックス（箱に白い紙を貼ったもの）と携帯電話の光源機能を使ってシルエットを映し出し、クイズへの参加意欲を高めている。しかし、What's this? It's…. の中心表現だけになるので、どのように英語表現を広げるかは課題であった。

　　シルエットクイズの改善案を、「中

【図25　シルエットクイズ】

指導者も児童も英語をたくさん使って活動するために

場面設定（短い指示で）

×日本語で全部説明　→　1つ1つ指示して児童を動かせる

グループ分け、ペアなど、ルールを見たらすぐ活動できる場面づくりや教材の配布等（ルールの後が良い場合もある）
-ex- 　（4人を指しながら）You are group1. You are group2. …
　　　　One volunteer, come here please.
　　　　Here you are.（教材配る）Thank you.

ルールを見せる（英語・ジェスチャー）

先生と先生　　　　　　→　　　　　　先生と児童（代表児童同士）

・ALT と協力してルールを見せる。

・分かったことを発表させる。

・代表児童と行うことで、全員に「できる」気持ちをもたせる。

言語活動 English!

英語だけを使って活動させるようにする。
・時間で切るなら時間の周知や表示
・前半、後半で区切るなど

中間評価（日本語で）

言語活動の修正　英語表現やコミュニケーションの態度はどうか。
　　　　　　　　よい例を紹介して広める。
表現の広がり　　英語で言いたかった表現を児童から引き出し、児童が使うクラスルームイングリッシュを増やす。
　-ex- 　It's my turn. It's your turn.
　　　　Here you are. Thank you.

言語活動 English!

英語だけを使って活動させるようにする。
（中間評価の改善が生かされているか、新たな表現も使ってみようとしているかなども観察する。）

振り返り（日本語で）

ねらいに沿って、また、中間評価で改善しようとしたことがどうだったか。良い言語活動の紹介、得た情報の発表など。

片付け　物のやりとりなどがある実際の会話場面と捉える

Please gather the cards.　Bring … to the front.

(s)Thank you.　(T)You're welcome.

(S)Here you are. (T) Thank you.

心表現だけでなく、答えに関連させて英語を使う」とし、中身を当てた後、Cute? Do you like bears? など、児童とのやりとりを試みた。クマが好きという学生が多く、Cute! Strong! などの理由も聞こえてきて、自然な会話が続き、みんなに笑顔が見られた。

　このように、常に子ども達自身のことと結びつけて尋ねるなど、英語でやりとりしながら授業を進めることが、子ども達が英語を使おうとすることにつながっていく。

(2)　足りない情報を子どもから尋ねさせることで「やりとり」を作る。

　数、色、形を使って、一部の情報を与えることで、児童から必要なことを尋ねさせる。できる絵は班によって個性が出て、楽しい活動になる（図26）。

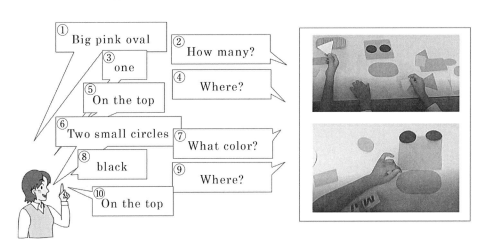

【図26　指示を聞いて作った模様】

7　子ども達の「言いたい!」を引き出しながら進める単元構成

　本単元では、４年生で、レストランごっこをしながら、世界の国々の名前や特徴のある料理名、注文の仕方などを学んでいく単元である。

　８つの国で有名な料理を選び、５ポンド持ってフードコートで注文する場面を設定し、活動を繰り返しながら、使いたい表現を増やしていく。児童の思い（サイズや味を選びたい、商品を増やしたい、もっと英語で対応したい）をうまく活動や英語表現に生かしながら単元を展開する。

　児童が好きな料理をチャンツに仕立てて、口慣れる。チャンツにして何度も言うことで、全員が扱う料理名を理解できるようになる。そして、注文の基本的な表現を使ってフードコートでの注文ごっこを繰り返しながら、Big or small?, Spicy or mild?, Hot or cold?, Meat sauce or white sauce?, Cheese or tomato? と、選択できるように商品を増やしたり、さらに知りたい表現として「売り切れました。Sold out.」などを増やして使っていく。

　知っている英語はまだ少なく、指導者側からインプットしていくことが多い時期ではあるが、子ども達の英語を話したい気持ちを引き出していくことも大切である。子ども達が言語活動の見通しを持って、創意工夫していける言語活動が、英語を言いたいと言う気持ちを引き出す。

　次に「ワールドレストラン」の４時間の、warm-upを除いた、題材に関する活動の展開を示す。

題材　ワールドレストランをひらこう　WORLD RESTAURANT

【目標】
　　・お店の場面で、相手の話に反応を返しながら進んで対応しようとする。
　　・料理を注文したり、受注したりすることができる。
　　・レストランで使う表現を身につけている。

第　1　時	第　2　時

世界の料理を知ろう！

2　好きな料理について話し合い、単元の見通しをもつ。

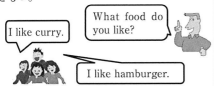

I like curry.

What food do you like?

I like hamburger.

外国の料理だね。他の国には、どんな料理があるかな？

・ALTの国料理を聞く。

3　外国の料理名とどこの国の料理かを知る。
(1)料理名を知る。

カレーじゃなくてcurryなんだ！

(2)Food Chantをする。
　e.g.
　Sushi, Sushi, from Japan.
　Curry, Curry, from India.
　Pizza, Pizza, from Italy.
　Bibimbap, Bibimbap, from Korea.
　Hamburger, Hamburger, from Ameriica.
　Udon, Udon, from Japan.
　　　　：

4　ペアで担当する料理を決める。

5　振り返りと終わりのあいさつをする。

いろいろな料理があるね。次は、注文したりそれに応えたりしたいな。

フードコートで英語で注文しよう！

2　ワールドフードコートで注文をする練習をする。

Shop keeper	Customer
Hello. May I take your order, please? OK. Here you are. Thank you.	Hello Yes, I'd like …, please. Thank you. Goodbye.

3　注文ごっこをする。
(1)Shopkeeper役、customer役になる。
(2)Shopkeeperは外側に、customerは内側に位置して、自由にお店を訪ねて注文する。

May I take your order, please?

Yes, I'd like a pizza, please.

注文されたら料理にチェックをするよ。

(3)途中で活動を振り返る。
・もっと知りたい表現を話し合う。
　「売り切れました」「熱いよ」など
・感じがよい対応の仕方を話し合う。
(4)役割を交替して注文ごっこを行う。

4　振り返りと終わりのあいさつをする。

もう注文できるよ。今度はお金も使いたいな。料理に合う飲み物も売りたいな。

第　3　時	第　4　時

フードコートで飲み物も注文しよう！

2　注文チャンツをする。
・前時のチャンツを練習する。
・新たな表現も加える。
　　How much is it?
　　How about a drink?

3　注文ごっこをする。
(1)お店役とお客役になって活動する。
　Hello. May I take your order, please?
　　　　　　Hello. I'd like…, please.
　OK. Here you are.
　How about a drink?
　　　　　　Cola, please.
　　　　　　How much is it?
　○○£, please.
　　　　：

(2)中間評価をする。

　・飲み物もお勧めできましたか？　よかった例は….
　・もっと英語で言いたい表現はありますか？

お客さんを呼びたいな。

割引きしてほしいときは何て言ったらいいのかな？

(3)役割を交代して行う。

4　振り返りと終わりのあいさつをする。

次は、「大か小か」、「ソースか醤油か」など、選べるようにして、商品を増やしたいな！

フードコートで選んで注文しよう！

2　チャンツで復習をする。
・foodチャンツ
・注文チャンツ
・A or B チャンツ

3　デモンストレーションを見て、本時のねらいを確認する。
　Hello. May I take your order, please?
　　　　　　Yes, I'd like a pizza, please.
　OK, tomato or cheese?
　　　　　　Cheese, please.
　　　　　　　　：

4　ワールドフードコートで注文する。
(1)半分に別れてお店役とお客役になって活動する。
(2)中間評価をする。

　・感じがよい会話が見られたよ。
　・知りたい表現はありますか？

「お勧めは何ですか」と聞きたい！

What do you recommend?

(3)役割を交代して行う。

5　振り返りと終わりのあいさつをする。

楽しかったね。リフレクションシートでできるようになったことを確認しよう！

コラム2　Let's Try! ゴールを明確にした単元計画を立てよう。

　外国語による聞くこと、読むこと、話すこと、書くことの言語活動を通して、コミュニケーションを図る基礎となる資質・能力を育成することが求められる外国語科（外国語活動は「聞くこと」と「話すこと」）では、1時間の授業だけで考えるのではなく、1単元でどのような力を付けさせるのかを明確にすることが大切である。単元のゴールを子供と共有した上で、授業を組み立て、その目標に沿った評価を行うように単元計画を立てることが大切である。

〔第6学年Unit 5 My Summer Vacation 夏休みの思い出〕【文部科学省 新教材資料より抜粋】

	目　標	◎評価<方法>
1	◆夏休みに行った場所を言ったり聞いたりしている。	◎I went to ～. を使って、夏休みに行った場所を言ったり聞いたりすることができる。<行動観察>
2	◆夏休みの思い出についての話を聞き、行った場所や感想などが分かる。 ◆過去の表現の仕方が分かり、夏休みに行った場所とその感想を伝え合う。	◎夏休みの思い出についての話を聞いて、行った場所やしたことを誌面に書くことができる。<記述観察> ◎I went to ～. It was ～. などを使って、夏休みに行った場所とその感想について伝え合っている。<行動観察>
3	◆過去の表現の仕方が分かり、夏休みに行った場所とその感想を伝え合う。	◎I went to ～. It was ～. などを使って、夏休みに行った場所とその感想について伝え合っている。<行動観察>
4	◆夏休みに行った場所と食べた物、その感想を言ったり聞いたりする。	◎ [　　] を使って、夏休みに [　　] を言ったり聞いたり
5	◆夏休みに楽しんだこととその感想を言ったり聞いたりする。	[as ～. を使って、夏] [言ったり聞いたり]
6	◆夏休みの思い出についての話を聞き、行った場所、楽しんだこと、食べた物、感想が分かる。 ◆過去の表現の仕方が分かり、夏休みに行った場所、楽しんだこと、食べた物、その感想について伝え合う。	◎夏休みの思い出について話を聞き、行った場所、したことなどが分かり、内容に合う絵を選ぶことができる。<行動観察> ◎I enjoyed –ing. やI ate～.などを使って、夏休みに楽しんだことや食べ物について伝え合っている。<行動観察>
7	◆夏休みの思い出について書かれた文を推測して読んだり、他者に配慮しながら夏休みの思い出について伝え合おうとしたりする。	◎夏休みの思い出について書かれた英文を読んで内容を理解し、その英文を書いた人物を選んでいる。<記述観察> ◎[　　] d –ing. It was ～. な [　　] て伝え合おうとし
8	◆自分の夏休みの思い出について話したことを、今まで書き写してきた文を参考に、語順を意識しながら書こうとする。 ◇夏休みの思い出について友達に紹介したことを、英文で書こう。	[　　] ことを、今まで書き [　　] いている。<行動観

> 聞いたり話したりして、音声で十分に慣れ親しんだ語彙や表現を読んだり書いたりさせる。

> 単元のゴールを子供に明確に示すことで、各活動が単発ではなく、前時や次時とつながっていることが分かり、目標をもって取り組ませることができる。

Ⅷ　小学校における「読むこと」「書くこと」に関する学習

1　文字の自然な定着と個人差

　外国語活動が始まって6年が過ぎようとしている。音声面やコミュニケーションの態度に一定の成果があった一方で、中学校1年生の約8割が「英語の単語や文を読むこと、書くこと」を学んでおきたかったと回答していることが報告され、教科化に向けて、「読むこと」「書くこと」を取り入れていこうとしている。

　直島小学校でも、同様の経緯をたどり、音声だけで進めてきた英語教育に文字を取り入れてきた。平成14年度から児童に見せる絵に文字を付けたり、第6学年にアルファベット文字に関する学習を取り入れてきた。しかし、文字を見せているだけではその定着に個人差が生まれ、音声と文字をつないでいくことには時間がかかることがわかった。そこで、平成23年度からは、音声を中心に活動しながらも、意図的に音声と文字をつないでいく学習を継続的に取り入れてきた。

　その方法を紹介して、ゆっくり時間をかけて文字を導入することを勧めたい。

2　各学年における文字学習

〔表1　各学年の文字に関する学習〕

学年	ね　ら　い	単　元	帯学習
1・2年	・歌やクイズを通してアルファベットの大文字に親しむ。		
3年	・アルファベットの大文字、小文字が識別できる。	「アルファベット文字であそぼう」	文字の認識に関する活動
4年	・アルファベットには音があることを理解し、語彙の最初のアルファベットを当てたり、身近な語彙をまねて読んだりする。	「アルファベット文字の音の足し算」	音と文字をつなぐ活動
5年	・アルファベット文字の音をつないで身近な単語を読む。 ・身近な単語や文を視写する。 ・音声で使った会話文を読む。	「単語を探そう」	模擬リーディング
6年	・音声と文字の基本的な対応ルールを理解し、やさしい単語に音を当てはめて読む。 ・音声で使った単語や文を、読んだり書いたりする。	「アルファベット」「オリジナルディクショナリー」など	チャンツやリーディング

3　歌でアルファベットに親しむ実践

　1・2年生では、主に歌を通してアルファベットに親しむ。アルファベットの大文字表を見ながら歌ったり、「aはエーではなくてエイだね。」と、ALTの発音や口元に注意を向けるようにする（図1）。

　また、2年生後半くらいからは、歌の後に大文字を選ぶ活動を取り入れ、音声と大文字をつなぐ活動を取り入れている（図2）。

　高学年になると、環状の小文字を使って、途中のアルファベット文字からスタートして歌ったり、反対回りに歌ったりして、少し負荷をかけながら、一文字一文字を素早く認識することにつなげたい。

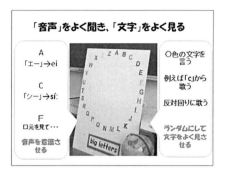

【図1　歌に使う環状アルファベット 】

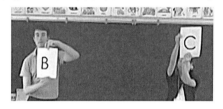

【図2　クイズ　Which is "B" ?】

4　アルファベット文字の認識に関する実践

　1・2年生で常に大文字を見せて活動させてきたので、3年生では主に小文字に焦点をあてながら、「児童が大文字・小文字を認識できること」をめざす。

（1）　アルファベットの形に着目する。

　アルファベットの歌を歌いながらアルファベットの形を体で作ることで、文字の形をおおまかにつかむ（図3）。

　形がよく似ている小文字（bとd, pとqなど）については、モールとストローで形を作り、左右・上下をひっくり返しながら認識を深める。

　また、大文字と小文字の違いを考えたり、Hi, friends! 2の電子教材を使って文字探しをしたりして、小文字に慣れていく。

【図3　Jを表す児童】

(2)　大文字・小文字をマッチさせる。

　黒板に貼ってある大文字の上に各自がもっている小文字を歌にあわせて貼りに行く、各自が大文字・小文字のカードでペアづくりをするなど、活動を工夫しながら大文字と小文字をつないでいく。最後には自分用のアルファベット表を作成するようにしておくことで、いつでも見直して確認することができる（図4）。

【図4　アルファベット表に小文字を貼る児童】

(3)　小文字を使って活動する。

　各自の大文字のネームをもとに、アルファベットショップを開き、"Do you have 'e'？" と必要な小文字を集め、ネームを作る（図5）。

　この学習の前後を比べると、大文字と小文字のペアをだいたい作れるだけでなく、文字に興味をもち、声に出して読もうとしたり、ALTの発音を聞いて頭文字を頼りにどの単語か見つけようとしたりするようになった。

【図5　アルファベット表に小文字を貼る児童】

(4)　単元後の帯活動で文字の認識をさらに深める。

アルファベットソングを使って

小文字並べ　♪♪

曲の間に文字を順に並べる。

小文字の空書き

歌に合わせて空書きするよ

小文字比べ

b, d
p, q
m, n など
似ている小
文字を比べ
る。

アルファベット小文字クイズ

What's this letter?

h, b, l, k...と
予測して当てる。

アルファベットを聞いてカードを選ぶ

| C | D | | d | o | g |

1文字ができるようになれば、2文字、3文字（できたら意味のある語になるように）と記憶して探す。

5　アルファベット文字の音の認識に関する実践

　4年生では、アルファベット文字には「名前」と「音」があること知り、それらの音に着目しながら単語を読む学習をする。

(1)　名前と音を区別する。

　アルファベット文字のもつ音をビデオやフォニックスチャンツを通して学び、しっかりと口慣らしをする（図6）。

【図6　フォニックスチャンツ】

(2)　音を足して読むことを学ぶ。

　3文字程度の単語（fox, hat など）の文字の音を足して読んでみる経験を積む（図7）。

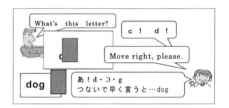

【図7　文字の音を足す活動】

(3)　単元後の帯活動で文字の音の認識をさらに深める。

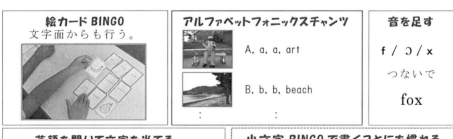

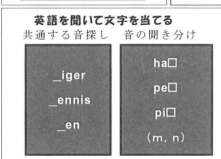

【アルファベット学習後の単元における文字】

（4）　児童の必要感に応じて文字を取り入れる。

　アルファベットに関する単元終了後
は、　児童が活動するために書きたいと
望むことが多くなり、必要に応じて書く
ことを取り入れる。「ワールドレストラ
ンを開こう」の単元では、レストランを
開く際、児童は進んでメニューを書いた
（図8）。文字の必要感が書くことへの意
欲を高めた

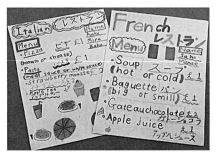

【図8　児童が作ったメニュー】

6　「読む」ことにつなぐ言語活動

（1）　自分で音を足して読んでみる。

　児童は、アルファベット文字の音をつないで読むことを知ると、自分で読ん
でみようとする。意味がある単語を探す教材として、Circle Words Card（「え
いごばたけ」よりdownload）（図9）を使い、
短母音をはさむアルファベット3字の語を探
し、発音したり視写したりする。5つの母音で
6語ずつの単語を見つけて視写し、ペアで声を
そろえて読むうちに音が似ているところにも気
づいていた。

【図9　Circle Words Card】

（2）　単元後の帯活動で「読むこと」に慣れる。

単語の復習	小文字の並び替え
絵と文字で示したり文字だけで示したりして復習する。	アルファベット文字をバラバラで示し、聞いた単語になるよう並べ替える。

(3)　音声で活動した会話文を読む。

　低学年から文字に触れ、少しずつ学んできた児童は、音声中心に授業をしながらも情報を得たり表現したりするために、文字をおおいに手掛かりにしている。

　5年生からは、それぞれの単元において音声言語として使って活動した英語表現を単元の最後に文字プリントにして音読する。音声で言えるようになった表現を文字とつないでいく活動である。また、自己表現のために自分が書いたワークシートなども音読する。毎時間、Warm-upとして取り入れることで、児童は、読むことへの意欲を高めている。

ジャイアンにインタビュー

Hello.　　★　Hello.
What's your name?
　　　　★　My name is *Goda Takeshi*.
How old are you?
　　　　★　I'm eleven years old.
Where are you from?
　　　　★　I'm from Tokyo.
What's your job?
　　　　★　I'm a school student.
When's your birthday?
　　　　★　My birthday is June 15.
What do you want to be?
　　　　★　I want to be a singer.

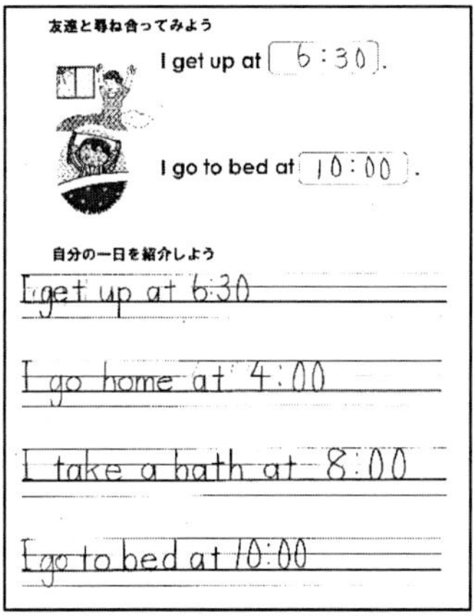

友達と尋ね合ってみよう
I get up at [6:30].
I go to bed at [10:00].

自分の一日を紹介しよう
I get up at 6:30
I go home at 4:00
I take a bath at 8:00
I go to bed at 10:00

【図10　音声で活動した会話文】

＜参考文献・参考資料＞

アレン玉井光江（2010）『小学校英語の教育法―理論と実践』東京：大修館書店
松香洋子他（2010）『クイズでチャンツ（CD付）』東京：mpi（旧松香フォニックス研究所）
金森強他（2008）『歌っておぼえるらくらくイングリッシュ1、2』東京：成美堂
文部科学省（2012）『Hi, friends! 1.2』
Circle Words Card（「えいごばたけ」HPよりdownload）
直島町立直島小学校　平成25年度研究開発実施報告書
直島小学校Teaching Plan
直島小学校Review Sheet

コラム3　Let's Try! Classroom English を使おう。

　子供が進んでコミュニケーションを図りたいと思うような題材や活動を設定する上で、子供のことを一番よく理解している学級担任の役割は大きい。学級担任は、外国語（活動）の学習だけでなく、他教科等での学習や経験した活動を関連させた活動を設定することができる。また、ネイティブ・スピーカーや英語が堪能な地域人材などの協力を得ながら、子供が英語に触れる機会を充実させ、授業を実際のコミュニケーションの場とすることも大切である。そのためには、活動の説明なども、モデルを示したりジェスチャーをつけたりするなどして、できるだけ英語を使うようにしたい。さらに、子供の頑張りなどに英語の褒め言葉をたくさん使うようにしたい。教師が積極的に英語を使おうとする姿勢を示すことは、子供が何とかして英語を使おうとする姿勢につながると期待できる。自信をもって楽しく英語を使ってほしい。（Classroom English は、あいさつや簡単な指示など、教室で日常的に使われる英語である。）

【活動の説明をする例】
　活動の説明をする際、できるだけ簡単な英語を使い、ジェスチャーもつけながら説明をして理解させる。

　　　　T: Let's play the Missing game.
　　　　S: Yes, let's!

> 子供が理解できるよう短い英文を使う。

　　　　T: Look at the blackboard. Let's count the cards.
　　　　　（子供と一緒に数えながら）One, two, three….
　　　　　What country?（国旗を指しながら）
　　　　S: France.
　　　　T: That's right. Repeat after me. France.
　　　　S: France.
　　　　T: What country?
　　　　S: India.（カードの国名を順に言わせる）
　　　　T: OK. Close your eyes.（目を閉じるジェスチャーをする）
　　　　　（カードを減らす）
　　　　　Open your eyes.
　　　　　Which country is missing?

> ジェスチャーもつけてよりわかりやすく伝える。

　　　　S: France!
　　　　T: That's right.

【ALT等と子供をつなぐ例】
　ALT等の英語をすぐに日本語にするのではなく、重要な語句や表現をゆっくりと繰り返したり、ALT等にもう一度説明するよう依頼したりする。
　ALT: Open your book to page ○○. Look at the pictures.
　　　　Please connect events to months.
　HRT: OK? Do you understand?
　　　　（指示の英語が理解しにくい場合）
　　　　Please connect. Connect.
　　　　（線で結ぶジェスチャーをする）
　　　　Connect events（行事の絵を指す）to months.（月の絵を指す）
　　　　OK? Good. Please try.

日本語を介さず、指示する語をゆっくりと繰り返す。

【子供とやりとりをする例】
　指導者が説明をしたり、自分のことについて話をしたりする際、一方的に話すのではなく、子供とやりとりをしたり、反応を促したりしながら話す。
　T: Look at this. Do you know this?
　S: Yes. A glove.
　T: That's right. It's a baseball glove.
　　 I like baseball.（野球のジェスチャーをしながら）
　　 Do you like baseball?
　S: Yes, I do. / No, I don't.
　T: I play baseball on Sundays.
　　 I can play it very well. Can you play baseball?
　S: Yes, I can. / No, I can't.
　T: Can you play soccer? Can you play badminton? .....

説明の途中で、子供に質問するなどして、子供の発話を促す。

【ほめる・励ます例】
　英語を使おうとする姿勢や自分の思いや考えを伝えようとする姿勢等をしっかりとほめたり、励ましたりする。
　Good! Great! Wonderful! Super! Excellent!
　Well done! Perfect! Nice! Fantastic! Way to go!
　You did a good job. That's right. Good thinking.
　You speak very clear. Let's give him (her) a big hand.
　Nice try! Good try! You're getting better.
　That's OK. / That's good. Take it easy. Don't worry.

　香川県教育センターの Web サイトに Classroom English の例を紹介しているので、ぜひ、参考にしてほしい。
「香川県教育センター『小学校外国語玉手箱』」http://www.kagawa-edu.jp/educ/htdocs/

Ⅸ　小学校英語（高学年）教科としての指導の実際

　小学校高学年の児童は、知的な好奇心が高まり論理的な思考をするようになる。しかし、発達段階は複雑で、個人差もあるため、自分自身のことや身近なことについて英語を使って「できた」「伝わった」という達成感や成就感を持たせていくことが大切である。音声面では、既習事項を使用場面に合わせて繰り返し使うことで定着を図り、「聞く・話す・読む・書く」の4技能を適切に取り入れながら知的な好奇心に応じていく必要がある。学習のねらいをはっきりさせ、児童が「学んでいることが分かる」「自分がどのくらいできているか分かる」という思いをもつような評価を取り入れて、自主的な学びを促していきたい。

1　繰り返し使うことで定着を図る実践

　「一つの単元に一つの中心表現だけを使うのではなく、既習表現をまとめて全部使いながら使用場面を変えていく」という考え方で単元を組み、「使い慣れる」ことをめざす。図1の3つの単元は、どれも自分のことについて尋ねたり答えたりする表現を使っている。「誕生日はいつ」の単元では、誕生日を尋ねる言い方が、また、「なりきり自己紹介」では職業を尋ねる言い方が新しく加わるが、これまでの既習表現を含めて、場面に合わせて必要な表現を選んで使うことで、即興的な会話にもつないでいこうとするものである。

(1)　「なりきり自己紹介」の活動を通して

　自己紹介に関する活動は、低・中学年から英語表現を広げながら繰り返し行われる。高学年では、自分自身のことだけでなく、誰かになって自己紹介をすることで、新鮮な気持ちで友達とやりとりができる。有名人やキャラクターなども取り入れて、名前、出身国、職業、年齢などの情報をもとに、自己紹介し合うことを通して、自己紹介に関する基本的な表現に慣れていく（図2）。

(2)　「タイムマシーンに乗って」の単元を通して

　名前、年齢、誕生日、好きな○○、出身など、現在形で自分のことを話したり相手に尋ねたりする英語表現を使って活動する。互いによく知っている友達同士では、現在のことを尋ね合っても新鮮味がないが、タイムマシーンで未来

【図1　3つの単元の主な活動と英語表現】

【図2　カードの人になって自己紹介する児童】

や過去の自分になることで、同じように現在形を使っても、内容に関心をもって楽しく会話ができる。タイムマシーンに乗って何歳の自分になるかを決めて、何が好きだったか、何になりたいと思っていたかなどを考えておく。授業では、例えば5歳の自分になり、友達からの質問に答える。好きな食べ物、TV番組、その頃の夢など、相手の答えを聞きたくなるような会話が展開される。

(3)「直島農場の動物」を通して

　ここでは、「直島農場の動物」を決めて、友達の質問に答えながらその動物のキャラクターを設定していく（図4）。

【図3「タイムマシーンにのって」のワークシート】

　動物に名前を付け、BINGOの歌の替え歌で歌う。児童は、アルファベットで書いた名前をうまく歌に収めて歌っていく。そして、出身、好きなもの、することなど、いろいろな質問に対して、友達と相談して即興で答えていくことで、次第にその動物のキャラクターがはっきりしてくる。「ピンク色が好きで、歌を歌い、豚肉が好きなブタのTONTON」といったように、想像すると少し面白いキャラクターが現れ、言葉をもとに想像する楽しさがある。

　何年かこの単元を実践してきたので、現在では、友達とやりとりしたことを

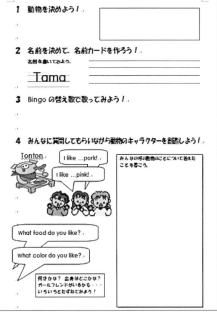

【図4　「直島農場」のワークシート】

一文ずつ書く活動もとり入れている（図5）。

【図5　ネコのKurumi】

2　単元の最後における児童の姿を想定して単元を構成する実践

　高学年の学習計画を立てる際、「英語を使って何ができるようになるのか」を考えなければならない。児童の具体的な姿を想定して、英語表現やコミュニケーションへの積極的な態度が育つように単元を構想したい。第5学年で実施した「行ってみたい国」を例に挙げて示す。

(1)　「みんなの前で発表する」姿をめざす

　中学年までに英語の音声に親しんでいても、みんなの前で、しかも一人で自分の思いや考えを発表することは簡単ではない。個人練習をして最後に一度だけ発表する単元構成は児童にとって負担が大きい。単元の最後の児童の姿を想定し、自分の思いを伝える英語表現を増やしていきながら、みんなの前で、またグループ内で発表する経験も積んでいくように単元を構成したい。

①　本単元までに語彙に親しませておく手立て

　　本単元に入ってから外国名に触れていくこともできるが、ここでは前単元までにその素地作りをしておくことを勧めたい。

　　Warm-upでアルファベットの小文字を書いてBINGOゲームをし、BINGOの数だけ世界地図上を移動する活動を取り入れている（図6）。アルファベット文字を書くことに慣れるとともに、毎時間、"I'm in China."のように居場所を言うことで、国名の英語に慣れていく。

②　「繰り返しながら表現を増やしていく」単元構成

【単元】「行ってみたい国」

【目標】　・自分が行きたい国やしたいことを進んで伝えようとする。

　　　　　・I want to…を使って行きたい国やしたいことなどを表現することができる。

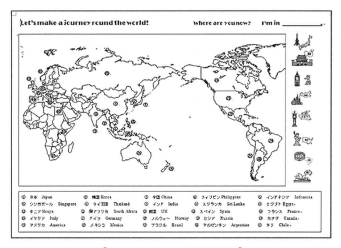

【図6　BINGO用世界地図】

【単元構成】

時	主な活動	英語表現の例
1	・いろいろな国の名前や世界遺産を知る。 ・行ってみたい国を "I want to go to …." の表現を使って言う。 　（全員→個人で、リズムに乗せて言う。） ・ワークシートに書く。	Hello. (Where do you want to go ?) I want to go to Chili.
2	・チャンツをする。 ・その国で見たいことを付け加える。 ・グループ内で発表する。 ・ワークシートに書く。	Hello. I want to go to Chili. In Easter Island, I want to see "Moai".
3	・チャンツをする。 ・その国でしたいことを付け加える。 ・グループ内で発表する。 ・ワークシートに書く。	Hello. I want to go to Chili. In Easter Island, I want to see "Moai". I want to take a picture of "Moai".
4	・チャンツをする。 ・発表例を聞いて、発表の工夫を考える。 　（自分の思いが言えているか。ジェスチャーや絵を使うかどうか。最後をどのように終わるか。など） ・みんなの前で発表する。	Hello. I want to go to Chili. In Easter Island, I want to see "Moai". I want to take a picture of "Moai". I want to go to Chili. Thank you.

(2) 「初めて会う人に行きたい国についてインタビューすること」をめざす

　同じ単元でも、最後の姿を「行きたい国についてやりとりできる」とするために、「NBA（直島放送局）が行きたい国について街頭インタビューをする」という場面を設定した。自己紹介に関する既習事項を使ったり、行きたい国についてインタビューしたりすることを通して、数往復のやりとりをめざす。その際、レポーター役として、相づちや繰り返しによる反応を取り入れることで、IとYouの意味を再確認して使う。また、単元の最後に参観者にインタビューするという実践的な活動を取り入れる。

【単元】：「行ってみたい国TRAVEL ABROAD」(5)

【目標】：・自分の思いを進んで伝えたり、相手の言ったことに反応したりして会話を続けようとする。

　　　　・行ってみたい国について尋ねたり、答えたりできる。

　　　　・世界の国々に関心をもつ。

【単元構成】　　　　　　　　　　　【レビューシート】

時	主な学習活動
1	・外国で有名なものやその言い方を知る。 ・自分が行きたい国について情報を集める。 ・行きたい国を尋ねたり、“I want to go to….”の表現を使って言ったりする。
2	・行きたい国の場所、有名なものを言う練習をする。（This is ….It's famous for ….） ・場面設定をして、レポーターと通行人になって会話をする。
3	・前時の復習をする。 ・行きたい理由などを付け加える。 ・ペアでレポーターと通行人になって会話をする。
4	・前時の復習をする。 ・レポーターと通行人になって会話をする。 （参観者を通行人としてインタビューする。）
5	・プリントを見て会話を読む。 ・自分が使った表現を記録する

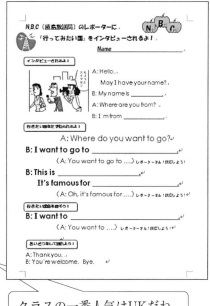

クラスの一番人気はUKだね。

先生はどこの国に行きたいのか

　授業参観を生かした単元構成であるが、児童にはよい機会であり、初めて話す参観者にも行きたい国をインタビューすることができた（図7）。

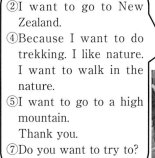

　　　　　　：
②I want to go to New Zealand.
④Because I want to do trekking. I like nature. I want to walk in the nature.
⑤I want to go to a high mountain.
Thank you.
⑦Do you want to try to?
　　　　　　：

　　　　　　：
①Where do you want to go?
③Oh, you want to go to New Zealand. Why?
④山登りが好き・・・自然が好き　だね。
⑥Cool!
⑧Yes!
　　　　　　：

【図7　参観者との会話例】

3　他教科・領域での学びを生かして「身近なことを伝える」を育てる実践

　「総合的な学習の時間」における「ふるさと学習」や他教科で学んだことをもとに、自分たちが住んでいる町を英語で紹介する。児童に、地域発信のための専用ファイルを持たせ、関連する語彙や表現を学年間で引き継いでいくことで、自己表現の幅を広げる取り組みを紹介する。

　「地域発信型単元」としての単元を次のように設定している。

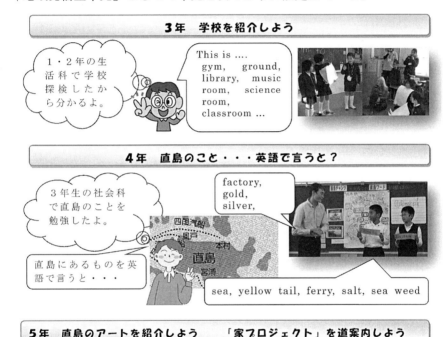

(1)　地域を紹介するための語彙に慣れる

　第4学年では、第3学年の社会科で調べた直島
マップを使い（図8）、地域にあるものの英語での
言い方をALTに尋ねて「直島チャンツ」を作る（図
9）。「直島フォニックスチャンツ」としてリズムに
乗せて何度も言ったり、3ヒントクイズを作ったり
して、地域特有の語彙に慣れ親しむ。

【図8　直島マップを使って
英語表現を考える児童】

【図9　児童が集めた直島ワード】

(2)　「アート作品紹介」を通して身近なものを紹介することを学ぶ

【単元】直島のアートを紹介しよう　ART　EXCHANGE（5）

【目標】・「家プロジェクト」のよさを伝える語彙や表現を身に付けている。

　　　　・伝える内容や自分たちの思いが伝わるよう工夫しようとする。

・家プロジェクトの1つについて基本表現などを使って5〜10文程度で
　説明することができる。

【単元構成】

	Warm-up・文字	主な学習活動	評価の観点				言語材料
			関	理	表	知	
1	・歌 ♪Open your heart ♪A Picture Of My Friends ・直島words Cards ・Naoshima BINGO	・4年生での学習を振り返る。 ・「South Temple」のアート作品を紹介する計画を立てる。 　だれに（Meet the WorldでALTに） 　何のために（家プロジェクト案内） 　どういう場で（現地で） 　どのような方法で ・「家プロジェクトチャンツ」をつくる。 This is …. It means ….	○		○		・South Temple ・Japanese Chess House ・Corner House ・Dentist ・Stone Bridge ・Go'o Shrine ・Gold Room
2	・直島3ヒントクイズ ・単語当て 　クイズ	・「家プロジェクトチャンツ」をする。 ・グループで言葉集めをする。 ・グループで集めた言葉を発表する。 ・知りたい言葉をALTや友達に尋ねる。 ・グループごとにアート紹介文を作る。		○	○		This is …. This is a picture of …. It means …. You can see …. It's by …. It's ….
3		・「家プロジェクトチャンツ」をする。 ・アートの説明を付け加え、グループで練習する。 ・伝え合う工夫を考える。		○	○		Please enjoy it！ I（We）like ….
4		・ゲストや友達にアート紹介をして、意見を聞く。 ・アート紹介を改善する。 ・ゲストにアート紹介をする。	○		○		I（We）recommend …. … is（really）great. など
5		・発表し合って相互評価をする。 ・基本表現を復習する。 ・Meet the World までの準備計画を知る。		○	○		

　紹介活動においては、児童が紹介するもの自体の英語表現を、他の児童が理
解していることが前提となる。そのため、それぞれのグループが紹介するもの
を英語でどのように言えば良いかを考えてチャンツにし、全員が共有する。

> This is *Minamidera*. It means South Temple.
> This is *Haisya*. 　　　It means Dentist.
> This is *Ishibashi*. 　　It means Stone Bridge.
> This is *Kadoya*. 　　 It means Corner House.
> This is *Goozinzha*. 　It means Go'o Shrine.
> This is *Gokaisho*. 　　It means Japanese Chess House

【児童が作った「家プロジェクト」の名前チャンツ】

　児童は、紹介するアート作品について、「総合的な学習の時間」における学びをもとに、紹介のイメージを広げていく。

　担任とALTのデモンストレーションでアート作品の一つである「赤かぼちゃ」を紹介し、どのような表現を使っていたか話し合う。そして、グループごとに、基本文を使って紹介文を作っていく（図10）。

This is *Akakabocha*.
It means "Red Pumpkin".
It's big.
You can come into it.
You can see some lights inside.
It's by *Kusama Yayoi*.
I like the color.
It's very beautiful.

This is *Kadoya*.
It means Corner House.
It's 200 years old
You can see an art.
It's "the Sea of Time".

自分たちの思いを付け加えていく。

【図10　デモンストレーションでの紹介文から作ったあるグループの紹介文】

　そこに、さらに自分たちのアートへの思いを付け足していく。ジェスチャーを付けたり、クイズにするなどして聞き手を引きつける工夫も考える（図11）。

　この単元で児童が一生懸命紹介活動に取り組むのは、実際に外国の人に紹介する活動につながっているからである。県内外からALTを30名以上迎えて行うMeet the Worldの行事で、ALTといっしょに町中に出かけて、アート作品を紹介するという大きな目標をもった単元として設定することで、児童の学習意欲をより高めている（図12）。

角屋
Welcome to the Corner House.
This is *kadoya*.
It means Corner House.
It's 200 years old.　　Wow!
You can see <u>number counters</u>* in a water pool.
These counters change, slow and fast.

It's quiz time!
What number is missing?
You can find the answer inside.
Have fun!

【図11　聞く人が関心をもつように工夫した紹介文】　　【図12　現地で紹介活動をする児童】

＊number counters: 水中のデジタルカウンターが直島島民の方々の心臓の脈に応じて点滅するという芸術作品。

　紹介文作成の過程で、記憶したり紹介の順序を考えたりするために、グループで協力して紹介文を書いていく。単元終了後、一人ひとりが自分のワークシートに紹介文を書き写し、何度も読んで練習する（図13）。

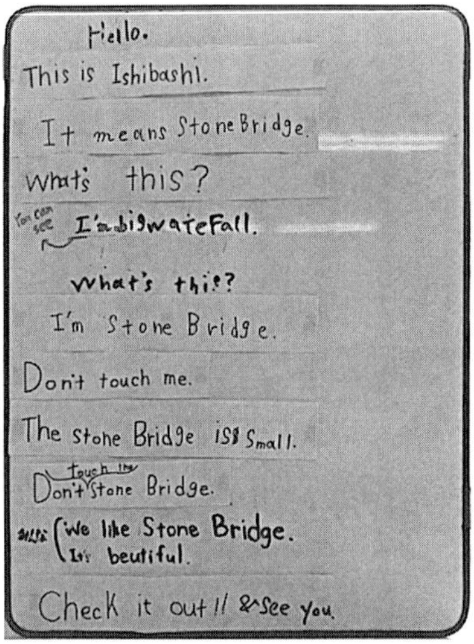

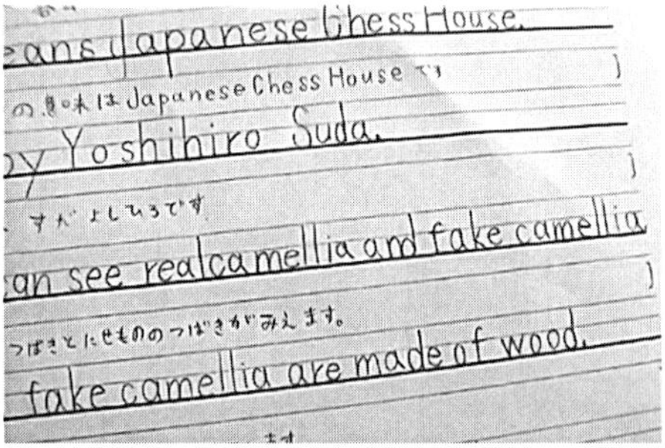

【図13　グループで書いた紹介文（左）と一人ひとりが書き写した紹介文（右）】

　第 6 学年でも、第 5 学年までの学習経験を生かして、Meet the Worldで実際に外国の人に自分たちの町のことを紹介する学習を行う。直島町のことや新たなアート作品など、既習事項を生かして紹介活動を広げている（図14）。

-Ex-
This is "*Neko*".
It means "Cat" in English.
It's by Niki de Saint Phalle.
It was made in 1991.
It has a colorful long tail.
I think it's cute.

【図14　現地で紹介活動をする児童】

4　単元の中に「評価の場面」を明確に位置づける実践

　できたことにステッカーを貼るなどして、一つ一つ達成していくように単元を組み立てていくことで、児童の学習意欲を高め、学びの様子を把握し易くなる。「道案内をしよう」の単元では、「3 つのチェックテストに合格して感じのよいガイドになる」ことをめざして、児童と単元構成を共有する。

　6時間を3つに分けて、それぞれの最後に、リスニングプリントとチャンツテスト、口頭でのやりとり、ペアでのパフォーマンステストで児童の学習状況を確認し、できていればステッカーを貼る。目標がはっきりすることで、児童は、途中で行うチャンツやゲーム的な活動が、何のために行っているのかを理解することができる。何よりもこの「できた」という思いを積み重ねることが自立的な学習態度を育成することにつながる。

【単元】「直島を案内しようTOUR GUIDE SCHOOL」(7)

【目標】・Tout Guide Schoolの「感じのよい会話」という課題を達成するように工夫して会話を続けようとする。

　　　　・方向や場所を表す表現を使って道案内をすることができる。

　　　　・動詞から始まる案内の仕方が分かる。

【評価】

観点	コミュニケーションへの関心・意欲・態度	理解の能力	表現の能力	言語文化の知識理解
評価規準	・既習事項を加えて、進んで英語を使って案内しようとする。 ・表情や気持ちのよい態度などに気を配ろうとする。	・行き先や案内の手順、道案内の指示の意味を理解して動くことができる。	・場面の中で必要な表現を使って道案内ができる。	・動詞から始まる案内の言い方が分かる。
判断基準	B：場面に合う既習表現を加えながら道案内をしている。	B：場所を尋ねたり案内したりする表現の意味や案内の手順が分かって行動している。 （行動観察・実技テスト）	B：Where's the …? Go straight, Turn right(left)などの指示するための基本表現の意味が分かって案内している。 （実技テスト）	B：動詞の表現の違いに気付いて、文を読んでいる。単語の固まりを意識して視写している。 （発表観察・ワークシート）
	援：目標に関係する会話やこつを提示しておく。	援：方向をまずしっかりと体感的に理解できるよう支援する。	援：基本表現は提示しておく。	援：動詞の色を同じ色で示すことで、意味を意識させる。

【単元構成】

時	帯活動	主な学習活動	関	理	表	知	合格をめざす Tour Guide Test
1	・直島チャンツ ・アルファベット並べ替え	・単元のねらいや学習方法を知る。 ・Command Gameをする。 　指示を聞いて動作をする。 ・「○○はどこでしょう」クイズをする。 　（ワークシート）	○				Tour Guide Test Level 1 A: Excuse me. B: Yes? A: Where's ＿＿? B: ＿＿? OK. 　Go straight. B: Go straight. B: Then, turn right. A: Then, turn right. B: It's on the right. A: It's on the right. A: Thank you. Good-bye. B: Good-bye. ペアでチャンツが言えるかどうか。
2		・道案内の基本表現を練習する。 ・道案内チャンツをする。 ・ペアでチャンツテストを受ける。 　（Tour Guide Test Level 1）		○			
3		・道案内の会話練習をする。 　地図を見て案内練習をする。 ・ガイドのポイント（聞き返しなど会話の工夫、感じのよい案内態度）を取り入れる。	○	○			Tour Guide Test Level 2 　A　B　C　D　E T: Excuse me. S: Yes. T: Where is ＿＿? S: Oh, ＿＿,
4		・道案内の会話練習をする。 ・案内役になって地図を見て案内する。 　（Tour Guide Test Level 2）			○		┌─────────┐ │ 尋ねられた場所を │ │ 案内する │ └─────────┘ 指導者に尋ねられた場所を案内できるかどうか。
5		・ビデオで道案内の様子を見て、紹介の工夫を考える。 ・家プロジェクト案内をする。 ・よりよい案内にするためにSchool Meetingをする。	○	○			Tour Guide Test Level 3
6		・ペアで家プロジェクトの案内練習をする。 　（既習事項を生かした道中での会話） ・道案内のテストをする。 　（Tour Guide Test Level 3）	○	○			体育館に設置した道で実際に案内できるかどうか。 ※歩いているときに、名前を尋ねるなど既習表現で会話をする。
7		・会話文を個人、ペアで音読する。 ・表現を視写する。				○	

　この単元のリフレクションシート（図15）は１時間目から配布し、児童と単元全体の活動計画やねらいを共有しておく。児童は単元の展開を理解して学習を進める。

直島を案内しよう　TOUR GUIDE CHOOL		
Reflection Sheet	Name(	)

月日	どうでしたか？		気付いたこと・考えたこと
／	方向や建物の表現がわかりましたか。	はい　いいえ	
	指示に従って動くことができましたか。	はい　いいえ	
／	方向や建物の表現に慣れましたか。	はい　いいえ	
	Tour Guide Test Level 1 に合格しましたか。	はい　いいえ	
／	道案内をするための表現が分かりましたか。	はい　いいえ	
	友達を Map Game で案内することができましたか。	はい　いいえ	
／	道案内をするための表現に慣れましたか。	はい　いいえ	
	Tour Guide Test Level 2 に合格しましたか。	はい　いいえ	
／	感じのよい道案内をする工夫が分かりましたか。	はい　いいえ	
	家プロジェクトを道案内できましたか。	はい　いいえ	
／	直島の道案内をするための表現に慣れましたか。	はい　いいえ	
	Tour Guide Test Level 3 に合格しましたか。	はい　いいえ	
／	会話文を読むことができましたか。	はい　いいえ	

【図15　児童のリフレクションカード】

　児童は、それぞれのチェックテストでスタンプを集めていくことで　次の活動への意欲を高めることができる（図16）。中には何度か挑戦する姿も見られ、児童の学習過程の様子を見取ることもできた。合否を分けるための評価ではなく、全員がねらいに到達するための評価と捉えることで、学級全体に学ぶ雰囲気が広がり、ねらいに向けて何度も練習することにつながった。

　簡単なワークシートを使って理解を確かめること

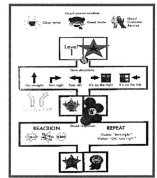

【図16　児童の合格証】

にも取り組むとよい（図17）。何度か聞いて確かめることで、分かったという自信を持たせていくことが大切である。このような経験が積み上がれば、学期末や年度末の総括的な評価方法を取り入ることにもつながる。

この単元の最終段階では、これまでの単元で学習した「初めて会う人との会話」や「直島のアート紹介」の内容を取り入れる。「本村地区でアートの場所を尋ねられる」という場面を設定することで、「道案内の表現」、「歩きながら名前などを尋ねる会話」、「案内先でのアート紹介」と、学んだことを繰り返し使いながら活動することができる。ペアでの会話を、評価者となる別のペアがそばで聞くことで、学び合う場面を作っている（図18）。

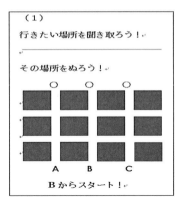

【図17　リスニングテスト】

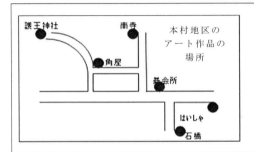

B：Excuse me.　Are you lost?
A：Yes.　　Where is *Ishibashi*?
B：Oh, *Ishibashi*?　OK.
　　Follow me, please.
　　Go straight　and turn right.
A：OK. Go straight and turn right.

（歩きながら）
B: Where are you from?
A：I'm from Australia.
B：Oh, Australia.

（目的地について）
B: It's on the left.
A：Oh, *Ishibashi*!
B: It means Stone Bridge.
　　You can see "Water Fall."
　　It's by Senzyu Hiroshi.
A：Thank you.
B：You're welcome.

A：Good-bye.
B：See you.

【図18　体育館に設置した「本村地区」で案内活動をするペアと評価者】

5　評価について

　評価は「子供の能力を伸ばす」という教育本来の立場に立って、まずは、学習の途中での形成的な評価を中心にしながら行うことが大切だと考える。

　確かに、直島小学校での長い間の実践の過程で、子供たちの英語学習への取り組み方を「遊び」から「学び」に変えた一要因は、「評価の在り方」であると実感している。最初は、授業の振り返りとして「楽しく活動したか」「大きい声で言おうとしたか」「相手の目を見て話したか」といったどの単元にでも使える情意面や態度面の観点を示してきた。

　しかし、スキルはコミュニケーション能力を支える観点と捉え、6年生に「できることに挑戦する活動」を取り入れた（図19）。「自分ができることが分かる」、「何度もやり直せる」ということが児童の挑戦意欲を高めた。

　平成23年度からは、学校教育目標や英語教育目標を分析して各単元に落とし込み、目標や評価の観点、評価規準などを設定し、全員に到達して欲しい姿を「判断基準」として示している（図20）。

　評価は、序列を付けるためではなく、児童の学習を支援するという立場に立って継続的に行うことで有効に働く。今後、改善しながら子どもの学びを多面的に捉えたいと考えている。

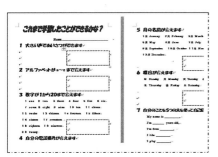

【図19　できるかな？テスト】

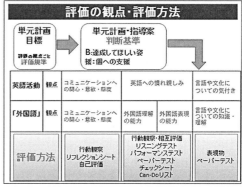

【図20　評価の観点・評価方法】

コラム4　Let's Try! 小学校における外国語の授業をイメージしよう。

　小学校における外国語の授業について、教師自身が授業をどのように進めたらよいのかイメージがもてないということが考えられる。そこで、各学校においては、中核教員等が中心となり、国から配布される以下の資料等をもとに校内研修をより充実させ、高学年外国語や中学年外国語活動の授業の進め方のイメージをもっていただきたい。

　○「次期学習指導要領に向けた指導力向上のための文部科学省作成　補助教材等について」(2017年3月配布)

　○「小学校外国語研修ガイドブック」（音声CD付）(2017年7月配布予定)

1　研究授業を中心にした研修例
(1)　中核教員等が香川県教育センターで行われる「小学校外国語活動 指導力・英語力向上研修」の内容について研修成果を活用した研究授業を通して伝達する。
(2)　研究授業について研究協議を行い、全教員が外国語の授業のイメージを一定程度もてるようにする。

2　DVD教材視聴を中心にした研修例
　文部科学省から各学校に提供されるDVD教材を視聴しながら英語での授業の進め方、物語や歌・ゲームの活用、教室英語、スピーキング活動、教員の英語力向上、他教科等と連動した授業等について研究協議を行い、指導力のさらなる向上を図る。

【中央研修DVD資料】

＜参考文献＞

坂井英樹(2014)『小学校の外国語活動の基本のき』東京：大修館書店
文部科学省(2012)『Hi, friends! 2　指導編』
文部科学省(2017)『小学校学習指導要領解説　外国語編』
文部科学省(2017)『小学校学習指導要領解説　外国語活動編』

X　小学校英語に学校全体で取り組むための視点

1　組織的・計画的に取り組むために

　学校教育において、今まである枠組みに、新たなもの
を取り入れる際には、組織的・計画的に教育課程全体を通
して、様々な視点からマネジメントしていくことが求め
られる。

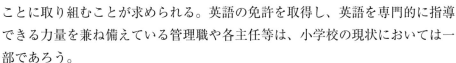

　それは、管理職だけでなく、主幹教諭、教務主任、研
究主任、外国語主任（英語主任）等、各々の立場でできる
ことに取り組むことが求められる。英語の免許を取得し、英語を専門的に指導
できる力量を兼ね備えている管理職や各主任等は、小学校の現状においては一
部であろう。

　しかし、どの学校においても、教科　外国語や外国語活動が円滑に実践され
るために、少しでもよりよい状況や環境を整備していくことが必要である。

　例えば、下記の10項目を確認してみよう。既にできていること（☆）、すぐ
にできること（◎）、今後試行しながらスモールステップで推進していくこと
（○）、十分でないこと（△）等、様々であろう。大切なことは、各校の現状を
具体的に、正確に把握することである。そして、外国語主任（英語主任）だけ
でなく、管理職や各主任、事務職員等とも、相談しながら推進することである。

（　　）今年度、外国語活動は計画的に実践できている
（　　）今年度、校内研修で英語に関する時間が短くても設けられている
（　　）学習指導要領の英語に関する内容を全教職員が読んでいる
（　　）教職員は小学校英語がいつから教科化されるのかを理解している
（　　）校内に英語や国際理解に関する掲示コーナが設置されている
（　　）掲示コーナの内容が適宜、更新されている
（　　）英語に関する教職員用の図書や情報コーナーが整備されている
（　　）クラスルームイングリッシュを意識して使おうとしている
（　　）校内の英語（外国語）担当より、適宜、情報が発信されている
（　　）今年度、使用のHi, friends! 1、2の内容を管理職も理解している

　そこで、小学校英語に学校全体で取り組むために、各学校でできることの視

点やヒントを整理したい。なお、具体的な教育課程の工夫や掲示等も含めた校内の環境づくり等については、次項の直島小学校の事例を参考にされたい。

2 求められるカリキュラム・マネジメント

　平成29年3月末に示された、小学校学習指導要領においても、「第1章総則の第1　小学校教育の基本と教育課程の役割　4」で、カリキュラム・マネジメントの必要性について明示されたことは周知の通りであろう。

　そして、総則での記載を受けて、平成29年6月に示された「小学校学習指導要領解説　外国語編」においても、各学校におけるカリキュラム・マネジメントの推進について説明がなされている。そこでは、求められている資質・能力の育成のためには、教科等横断的な学習の充実や、「主体的・対話的で深い学び」の実現に向けた授業改善を、単元や題材など内容や時間のまとまりを見通して行うことの重要性が指摘されている。さらに、その実現のためには、学校全体で取り組むことが不可欠であり、下記のような表記がなされている。

　・・・学校全体として、児童生徒や学校、地域の実態を適切に把握し、教育内容や時間の配分、必要な人的・物的体制の確保、教育課程の実施状況に基づく改善などを通して、教育活動の質を向上させ、学習の効果の最大化を図るカリキュラム・マネジメントに努めることが求められる。

　マネジメントと言われると、一般的には「経営・組織などの管理」を思い浮かべ、具体的には人、モノ、お金に加えて、時間、情報等の管理や調整がイメージされる。ここでも示されているように、「必要な人的又は物的体制の確保」に関して、各学校では既に実践されていることが多くある。例えば、ALT等のネイティブ・スピーカーや英語が堪能な地域人材などの協力を得て、TTによる指導体制を図っていたり、外国語専用の教室を設置したりしている学校も少なくない。

　できることからの取組を小学校英語の教科化に向けて、検討を始め取り組んでほしい。

3　具体的にできること、取り組みたいこと

(1)　教育課程の編成における工夫

　第5・6学年で新設される小学校英語（外国語科）の年間70単位時間の確保、教育課程の編成は悩ましい問題であろう。小学校学習指導要領第1章総則の第2の3（2）ウ（イ）では、時間の扱いに関して下記のように示されている。

（イ）　各教科等の特質に応じ、10分から15分程度の短い時間を活用して特定の教科等の指導を行う場合において、教師が、単元や題材など内容や時間のまとまりを見通した中で、その指導内容の決定や指導の成果の把握と活用等を責任を持って行う体制が整備されているときは、その時間を当該教科等の年間授業時数に含めることができること。

　換言すれば、限られた時間をどのように活用するのかということである。

　上記の示された内容等からも、朝の時間、昼休み前後の時間、放課後の時間等を活用した短時間の積み上げを年間授業時間数にカウントできるのには、条件があるということだ。その一つが、「単元や題材など内容や時間のまとまりを見通していること」、さらに、「責任を持って行う体制が整備されているとき」、の前提が明示されている。また、長期休業期間の見直しや土曜日授業の活用等、既に様々な取組や試行事例が見られる。それぞれの学校で、様々な時間的な位置づけの工夫をすることが求められる。

(2)　児童が英語を活用、英語に触れる機会の工夫

　学校の教育活動の様々な場面において、児童が英語を活用したり、触れたりする機会が多様にみられる。例えば、毎週実施される集会活動での挨拶や進行等の一部分に英語を取り入れたり、校内の給食や清掃時の音楽放送等に英語の歌を流したりしている学校もある。また、学校行事として、英語の学習発表会や集会活動、ハロウィン等にちなんだ活動等、○○タイム等の短時間の活動などもみられる。これらの活動は、低学年、中学年、高学年等の発達段階に応じて系統的に位置づけていることも多いようだ。まずは、継続的な取組として、できる内容をできる範囲からでよいので、一過性の取組にならないように、学校全体で組織的・計画的に取り組んでいきたい。

(3)　推進体制の整備と校内における連携

　小学校英語に学校全体で取り組むためには、推進体制を整備することである。例えば、各校において研究組織として、下記①のような複数の部会を設定することも考えられる。また、②のように英語だけでなく、複数の内容に校内研修で取り組む設定も考えられる。さらに、各学年団に担当を位置付けている事例も見られる。重要なことは、一人一人が何らかの形で小学校英語の推進に関わっているという意識を持つことである。そのためにも「目的の共有」をはかり、「役割の分担」が推進体制や校内の組織に位置づけられることが望ましい。

```
①　　・授業づくり部会、　・教材開発部会、・評価部会、　・環境づくり部会
②　　・英語プロジェクト、　・道徳プロジェクト、　・学力プロジェクト、
③　　・学年団に英語担当、　・学年団に幼小中連携担当、
```

(4)　校内研修の必要性と充実

　平成27年12月に示された中教審答申「これからの学校教育を担う教員の資質能力の向上について　〜学び合い、高め合う教員育成コミュニティの構築に向けて〜」では、教員研修の在り方に関して具体的な方向性を示した。その中でも、「教員は学校で育つ」ものであり、同僚の教員とともに支え合いながらOJT を通じて日常的に学び合う校内研修の充実や継続的な研修の推進が指摘された。それらの背景には、研修に関する主な課題として、次のようなことも議論されてきた。まず、教員が多忙で時間確保が困難であり、自ら学び続けるモチベーションを維持できる環境整備が必要であること。さらに、研修の在り方自体をアクティブ・ラーニング型研修への転換が必要とも言われてきた。

　このような点からも、小学校英語の教科化実施に向けて、今こそ「絶えず研究と修養」に励むことの意味を自覚し、専門性の向上を図る観点からも、校内研修の充実・改善が求められる。まずは、小学校英語の教科化に向けて、学習指導要領の内容や解説の具体的な事項について、様々な研修を通じて理解を深めて実践につなげることが求められる。

①　意識改革を図る多様な校内研修の在り方

　○授業研究と研究討議

　　何より校内研修等を通じて、教員個々の意識改革が重要である。例えば、

英語の授業研究も重要だが、その後の効果的な討議の持ち方も多様に工夫できる。また、校区内の小中合同での授業研究や若手教員等を育成するメンター方式の研修等の実施も効果的である。

○小学校英語に関する情報と状況の共有

　現在、小学校英語に関する様々な情報が溢れている。学習指導要領や解説等を基本としながらも、国・県・市町教委等からの情報をもとに教科化までの経緯や意義等の理解を深めることも重要であろう。長期休業中には、理論研修や他校等の事例研修の実施も考えられる。多様な情報や関係資料を教職員全体で共有できるような周知方法や資料配布、環境づくり（保管・掲示）を工夫することも校内研修として考えられる。これらは小学校英語に不安がある教員にとっても授業を行いやすくする貴重な支援となる。

○各部会や学年団等での計画表の作成

　年間に全教職員が集まって、小学校英語教育研修として実施できる時間も限られているので、授業研究以外については、短時間であっても共通理解を図る時間や学年団等で作業する内容の確認等、年間複数回位置づけられることが今後は一層求められる。

② **校内研修を生かして英語に関する環境整備**

子どもたちが日々過ごす環境が重要であることは言うまでもない。例えば、校内研修等を活用して下記のような環境整備に取り組むことも効果的である。

○英語専用の教室等の設置（英語専用の部屋が無理であれば、他と兼用でも多様な教材等を整備し、すぐに使えるようになっている部屋の確保等）

○各コーナーやスペースの設置

　・外国語に関する掲示板や掲示コーナー

　・国際理解に関する情報発信や図書のコーナー設置

　・小学校英語教育に関する情報共有スペースの設置

　・中学校の英語教科書を閲覧できるスペースの設置

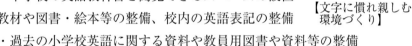

【文字に慣れ親しむ環境づくり】

○教材や図書・絵本等の整備、校内の英語表記の整備

　・過去の小学校英語に関する資料や教員用図書や資料等の整備

　・図書館や専用教室に大型紙芝居や絵本の整備

　・英語による各教室や場所等の表示版

　　・各教室内における英語での表記
　○多様な情報や実践記録に関する整備
　　・3〜6学年の年間計画の作成・修正や板書を撮影しデーター保管
　　・授業で使用した教材や資料、大型紙芝居、VTR、資料保管
　　・英語教育に係る各専門家や地域の方の人材バンクづくり
　研修は、教師というプロの専門家集団としての自主性や自律性を育む点からも重要な活動である。各学校の組織特性や構成を生かして、より良い英語研修を実現していくのかが問われる。そのために、具体的な、「できそうかも、試しにやってみようかと思える」アイデアや提案を聞き出す場や機会を設けたい。小学校英語教育推進のために自由に相談したり話題にしたりできる職場の雰囲気が重要である。時間を生み出すことは至難の業かもしれないが、限られた時間の中で工夫をしながら取り組んでいる例も多くみられる。
　校長の方針の下に、管理職だけでなく、各主任等が各自のリーダーシップを発揮し教育活動全体を通じて推進する際に、「我が校で、できること、取り組むべきことを具体的にイメージしていくこと」が重要である。

4　管理職への期待〜小学校英語研修を通じて、教職員の資質能力向上を〜

　当然ながら、前述のような環境整備、先進校への視察、教員の研修教材の確保には少なからず、予算確保が必要である。管理職は、各主任や、事務職員等と次年度の研修や整備を見据えて、事前の予算確保を検討しておきたい。そのことが、校内研修実施のための手段（ツール）や資源（リソース）等の整備を支えることになる。また、小学校英語に取り組む過程を通じて、教員一人一人の資質能力向上を意識して、継続的に支援することが求められる。共に学ぶという"同僚性"を感じられる学校の雰囲気を大切にするとともに、教職員の小学校英語に対する意識を高める上でも、自分自身はこう考えているという思いをTPOに応じて語り合うことが必要である。

【参考・引用文献】

中央教育審議会答申「これからの学校教育を担う教員の資質能力の向上について」〜
　学び合い、高め合う教員育成コミュニティの構築に向けて〜（H27.12.21）
文部科学省（2017）『小学校学習指導要領』

コラム5　Let's Try! 絵本を活用して英語を brush up しよう。

　「外国語（活動）の授業で Classroom English をできるだけ使いたい。けれども、英語を正しく使えているかどうか不安である。」このように感じている人も多いと思われる。一つの方法として、授業で使う英語をあらかじめメモにして準備しておくことが考えられる。しかし、メモにした英語は読んでしまいがちである。子供に理解させたり、発話を引き出したりするには、教師自身の英語に表現力をつけることも大切であると思われる。

　そこで、絵本を活用した校内研修等を行ってはどうだろうか。場面設定をした中で、意味のある英語でのやりとりができるのである。子供に聞かせる英語をどう表現するか。英語にどれだけ思いをのせるか。これらを工夫したり、アイデアを共有したりする中で、英語を使うことに慣れてほしい。

【文部科学省 絵本教材】

Look at this. What's this?
Yes, it's a dog. Do you like dogs?
Do you have any dogs?
Where is it? A tree. Some leaves.
Yes, in the forest.
What color is this?
It's red. It's yellow. It's purple.
What season?
Yes, in autumn.

　絵本の英文をそのまま読むのではなく、児童に絵本の絵や筋について質問をしながら、絵本の世界に引き込むようにする。

"1, 2, 3, 4, 5, 6, 7, 8, 9, 10.
Ready or not, here I come!
I see something ......white.
Are you a ...?
A cat? A mouse?

Oh, my ears! What am I?
Yes, I am. I'm a rabbit.
Do you like rabbits? ......"

　日本語での読み聞かせと同様に、ページをめくる際には一部を見せたり、間をあけたりして、次は何の動物が出てくるのかを予想させる。そうすることで、子供はより興味をもって聞くと思われる。

XI　小学校英語　教科化へ向けて学校としての取組
～英語や外国語文化にふれる機会や環境整備～

　直島町では、瀬戸内国際芸術祭の開催とともに海外からの観光客が増え、日常的に外国の方々を見かける。子どもたちも道を尋ねられるなど、外国の方と接する機会が多く、他の地域以上に国際感覚を身につけることに必要感のある生活がある。

　直島小学校は、隣接する幼児学園・中学校と1976年より幼小中一貫教育を進め、コミュニケーション能力の育成を目標にして、中学３年生の時に「自分たちや地域のことを話題にして英語でやりとりできる」姿を目指し1988年から町でALTを招き、英語教育を通してその育成に取組んでいる。

　さらに、2002年からは「５・４制」を取り入れた小中連携をスタートし、小学校６年生が中学校に行き、中学校教員から英語を学ぶようにした。2014年までに「文部科学省指定研究開発学校」を３回、現在は2015～2018年「文部科学省指定教育課程特例校」の指定を受け、英語活動や外国語の研究推進に取組んでいる。

　児童が英語に抵抗感なく親しみ、学習への意欲化を図るためには、授業だけでなく、学校生活の様々な場面で自然に英語に触れる機会を設け、環境を整備することが大切である。長年かけて直島小学校で工夫してきた７点について紹介する。

1　5分間のEnglish Time（月15回程度）

　５校時前の13：45～13：50の5分間を「English Time」とし全校で実施している。これは、担任が教室で実施し、児童にとっては「毎日確実に英語に触れる機会を増やすこと」になり、担任にとっては「一人で指導する」という意味をもつ。全校一斉に確実に実施していくために、教材と具体的活

【English Time年間計画】

平成28年度　English Time計画					
	1年	2年	3年	4年	5年	6年
	Young Children's Picture Dictionary		Picture Dictionary			
4月 (8回)	一斉放送「英語らしく発音しよう」「バナナじゃなくてbanana」を使って					
5月 (8回)	Picture Dictionary (1, 2, 3, 4)	Picture Dictionary (1, 2, 3, 4)	Picture Dictionary (18, 19, 20, 2 1)	Picture Dictionary (3, 4, 5, 6,)	Picture Dictionary (22, 23, 24, 2 5)	Picture Dictionary (37, 38, 39, 4 0)
6月 (14回)	Picture Dictionary (5, 6, 7, 8)	大文字　（文科省補助教材2～）	大文字（文科省補助教材　2～）	大文字・小文字（文科省補助教材2～4、7～9）	小文字単語（文科省補助教材13～17）	小文字単語（文科省補助教材13～18）
	文字指導					
7月 (9回)	一斉・クイズでチャンツ 「英語集会に向けて歌などを練習しよう」					
9月 (13回)	Picture Dictionary (9, 10, 11, 12, 13, 14)	Picture Dictionary (5, 6, 7, 8, 9)	Picture Dictionary (22, 23, 24, 25)	Picture Dictionary (7, 8, 9, 10, 1 1, 12,)	Picture Dictionary (26, 27, 28, 2 9)	Picture Dictionary (41, 42, 43, 4 4)

動計画を明確にして各学級に配布している。

　内容は、「動物」「数字」「あいさつ」「果物」など、テーマを決めてチャンツや関連する歌、クイズなどを入れた５分間の自作教材の他に、１・２年生用はYoung Picture Dictionary（Longman出版）を、３〜６年生用はPicture Dictionary（Longman出版）を活用する。５分間に編集したCDを各クラスに配布し、絵を見ながら単語を発音したり、チャンツや歌を歌ったりする。カラフルな絵の入った資料を使うため、児童の意欲・関心を高め、身近な英語の語彙を増やすことにつながっている。無理なくより定着を図るために、一つのテーマを３日（３回）繰り返し行うようにしている。平成27年度からは、大文字や小文字を書く文字学習も取り入れている。

　５分間と短い時間だが、毎日継続することで児童の語彙が増えている。特に授業で学習していることと、English Timeでの内容が重なるほど、授業中における児童の発話が多くなる。慣れると児童がCDを用意し、担任がCDを止めて児童の様子を見ながら難しいところを繰り返したりするなど、児童の実態に合わせた活動を工夫する様子が見られるようになっている。

 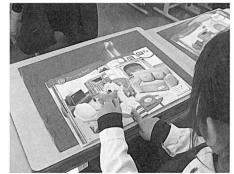

【English Timeの様子】

2　国際理解教室の教材・掲示物等の整備

　毎回の授業は、ここでALTとT・Tで行い、児童は入室と共に英語スイッチが入るようになる。誰でも、いつでも、すぐに使えるように、長年かけて教材や掲示物の環境整備を行っている。後方の棚には学年ごと、単元ごとにまとめて授業で使う教具やプリント等を整備している。

教室内には、特別に注文して作った教材
机椅子兼用のロッカーベンチがある。それ
を使い、ペアで背中合わせになったり、向
かい合ったりと、移動や隊形変化がしやす
く様々な学びに対応できるものである。

その下には、大文字、小文字、絵カード
やホワイトボードセットがカゴに入った学
習グッズも置いてあり、担任と児童にとっ

【国際理解教室の棚と教材】

て準備の手間が省ける学習しやすい教室として使われている。

さらに、歌やチャンツに必要な音源がすぐ活用できるよう、CDやキーボー
ドもいつでも使えるようにしている。外国語教育推進には、是非整備してほし
い教室である。

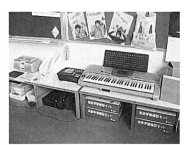

【ロッカーベンチ、学習グッズ、キーボード】

3 校内の英語にふれる環境づくり

(1) 給食準備中の校内放送

給食準備時間（12：25〜12：40）に英語の歌を流す。歌は、各学年で行っ
ている授業に関連するものや季節に合うものを数曲選び、一つのCDにまとめ、
それを放送委員会の児童が流す。児童に馴染みがあり、よく聞いて覚えている
ので、授業の中にも取り込みやすい。教員からは、「児童が、歌を聞いて歌詞
の中から知っている単語を聞き取っている。」「いつの間にか歌えるようになっ
ている。」と驚く声を聞くことが多い。聞いて覚えるという児童期の長所が生
かされる環境整備である。

(2)　校内掲示の工夫

　校内には、廊下や階段、教室の入り口などに、英語表記や外国に関する情報などを掲示し、児童が日常生活の中で自

【廊下にある世界の時刻の掲示】

然に英語にふれる機会を増やしている。

4　世界を身近に感じる「World View」

　2009年より、年間4～5回程度、全校児童に向けて朝の20分間、教師が海外旅行や留学経験における異文化体験の話をするWorld Viewという時間を設けている。

　教師は、体験したホームステイや海外旅行を通して、文化や習慣の違いに驚いたこと、人々との出会い、英語を使った体験、美しい世界の風景、

【増えていくWorld Viewの掲示】

海外の学校の様子などを写真や映像、実物を見せながら話をする。

　身近な教師から異文化体験の話を聞くことで、児童が広く世界に目を開き、国際感覚を育むことにつながると考えている。教師だけでなく、来校した国際交流員にも「母国でどのように英語を学んだのか」「外国人から見た日本」など、テーマを決めて話をしてもらうこともある。2017年6月現在、31の国々の記録が掲示されている。

5　他学年の学習から学びあう「英語集会」

　全校生と英語を使って活動することを通して、外国語学習への意欲を高め、日頃の学習の成果を発表する場として年1回「英語集会」を実施している。

　授業で学習していることを使ったり発表したりする場は、子どもたちにとってかなりの緊張やプレッシャーがある。しかし、発表会が日々の学習の動機づけになり、それを成功させるために一生懸命練習することに意義がある。

　またその頑張りを認め合うことで、自分たちの学習レベルを確かめたり、学習意欲を高めたりできる。児童は、英語活動や外国語の時間に学習している歌やチャンツ、また学習したことを生かしたクイズや劇などを発表する。また全校生で英語クイズをしたり、英語を使ったゲームをしたりして、身近に英語を感じる楽しい時間になっている。

【英語集会】

6　直接体験の場「Meet the World」

　外国の方に英語を使う場を設定することは、とても大切であり直島小・中学校では、毎年11月下旬〜12月上旬に県内外のALTと一緒に活動するMeet the Worldという行事がある。

　参加ALTは、香川以外にも高知・愛媛・静岡・岡山などいろいろな県から何度も参加してくれるリピーターもいて、平成28年度は小・中合わせて38名のALTが集まった。

　午前はそれぞれの学校で行い、小学校ではまず全校生と交流し、その後各学年に分かれて交流を行う。ゲームだけでなく、お菓子屋さんや直島レストラ

ン、英語劇など学年ごとに授業の学びを生かした活動を工夫し、ALTと過ごす経験は貴重な体験になっている。午後は、5・6年生と中学生が地域に出かけ、島内スポットを英語で紹介する活動を行う。

　参加したALTからは、「英語力」や「態度」の観点でかなり高い評価があった。また感想では、児童が一生懸命英語を使おうとする様子を褒め、児童の意欲や分からない時に助け合って協力し、質問に答えようとする前向きな姿勢を評価してくれている。

【歓迎式と午前中の交流】

【身ぶりを交えて見所やアートの紹介】

ALT（28名）が児童の英語力を評価

	English（英語力）	Attitude（態度）
Excellent	20	27
Good	8	1
Average	0	0
Poor	0	0

・The students were very energetic and were willing to use the English they have learnt. When they didn't understand, they would ask their friends for help. They tried hard to answer my question! Very good everyone!!
・They tried very hard to use English. The students were very friendly. I had a great time. I look forward to it next year, too.

【ALTの評価と感想】

7　ICTを活用した体験　スカイプによる「国際交流」

　本校では、オーストラリアのファーラー校の児童と、スカイプを使った交流を行っている。始まったきっかけは、数年前に町に表敬訪問したメンバーが、来校した際、知り合いの学校があるので是非にという紹介である。それ以来、絶やさないよう毎年続けるようにしている。

　国際交流室のテレビを使い、リアルタイムで、自己紹介を行ったり、歌の交流やクイズを出しあったりする。

　普段から、大人の外国の方と接することに慣れている児童にとって、同世代の友だちとのやりとりは、新鮮であり目を輝かせた交流になっている。

【スカイプによる国際交流】

コラム6　小学校外国語教育研究推進モデル地域事業の取組の紹介

　小学校外国語科の先行実施に向けて、香川県の一つのモデルとして指導方法等の実証的研究に取り組むモデル地域を指定し、その研究成果を Web サイト等で広く県内小学校に普及している。ここでは、モデル校で実践している短時間学習とまとまりのある学習 (45 分授業) をつないだカリキュラムを一例として紹介する。

〔第6学年　Unit 1 This is me！より抜粋〕

時	目標と主な活動	評　価
3	◆先生の自己紹介を聞いて概要を捉えるとともに、好きなものについて伝え合う。 ◆好きなことやできることについて、簡単な語句を書き写す。 【Let's Listen】 「先生の自己紹介を聞こう。」 【Let's play】 「好きなものやできることを伝えよう。」 ○Let's talk「ペアで自己紹介」 ○Let's Read and Write	・自己紹介の英語を聞いて、内容についての質問に答えている。 <行動観 ・自分 り言 <行動
4	◆他者に配慮しながら好きなことやできることなどを含めて自己紹介し合おうとする。 ◆例を参考にして、自己紹介文の空欄に単語を書く。 【Activity 1】 ・自己紹介の練習をする。 【Activity 2】 ・グループで自己紹介をし合う。 【Let's Play】 「Who am I?クイズ」 ○Let's Read and Write	・他者に配慮しながら好きなことやできることなどを含めて自己紹介し合おうとしている。 <行動 ・例を 語を <行動
短時間学習	A ◆好きなスポーツ、教科、動物、食べ物などを尋ねたり答えたりする。 【Jingle】"食べ物編""動物編" ○Let's Talk ・ペアで好きな食べ物、動物、スポーツ、教科や誕生日を尋ねたり答えたりする。 B ◆好きなものやできることを表す表現を読み、書き写すとともに、自分の好きなものやできることを伝え合う。 ○Let's Talk ・ペアで好きなものやできることについて尋ねたり答えたりする。 ○Let's Read and Write ・英文を書き写す。 　(好きなもの・できること)	・自分 ねた 尋ね <行動 ・例を参 ことについて紹介する文を書き写している。 <行動観察・ワークシート>

【まとまりのある学習 (45分)】
　補助教材等を活用し、音声への慣れ親しみの活動からコミュニケーションを図る活動を行う。

【短時間学習A (20分)】
　主に基本的な語彙や表現の慣れ親しみを目標とする活動を行う。

【短時間学習B (25分)】
　主にやりとりをする活動や読んだり書いたりする活動等、短時間学習Aで学習したことを発展させた活動を行う。
※短時間学習ABを組み合わせ、45分授業で実施することも考えられる。

XII　小学校英語への期待

英語大好きの子どもたち

　今年の4月も中学1年生の教室で英語の授業が始まった。小学校の英語活動で英語に親しんできている子どもたちばかりである。しかし、教科として英語を学ぶのは、初めての子どもたちばかりである。いつものようにりんごやカンガルー等の絵を使いながら楽しく英語に親しませていく。アルファベットの歌を歌いながら、文字の指導へとつなげていく。どの子にとっても初めての中学校の英語は、やる気いっぱいの授業で、目がキラキラとしている。教えたことをすぐに吸収し、学ぶ子どもも教える教師も楽しい瞬間である。しかし、ここからいつもと違った出来事が起こった。ある学級の生徒の日記に、「英語が難しいです」と書かれてあった。担任の先生からそのことを聞いた私は、自分の耳を疑った。なぜなら、まだ英語の学習が始まって1週間、授業時間で言うと2時間の英語の授業が終わったばかりであったからである。自分の英語の授業を振り返ってみてもどこが難しかったのか分からないのである。楽しいはずの始まったばかりの英語の授業なのに、「難しい」と言うのである。昼休みに本人に聞いてみてもはやり「難しい」と答える。私は、放課後に思い切って保護者に電話をし、その理由を聞いてみた。するととても意外な答えが返ってきた。「小学校で英語を勉強したときに、苦手意識が強くなってしまったのです。」と言うのである。私は小学校で英語を勉強して、苦手になってしまった子どもに初めて出会った。確かに、小学校で学ぶ英語は年々充実してきていると感じる。アルファベットを書かせてみても、書ける生徒がほとんどである。小学校の先生方が文字指導にも時間をかけて丁寧に教えてくれているのだと思う。どうかどの子どもも「英語大好き」な子どもに育ってほしい。

ペアワークがいつでもできるように

　私は、授業の中で生徒にみんなの前で発表させる際には、まず "Ask your partner." と生徒に指示をしている。それは、生徒数人だけに発言させるのではなく、すべての生徒に言わせるために、生徒同士で確認をさせるのである。また、大勢の中では、自信のない問題に答えるのはできなくても、ペアでは、

「自分はこう思う」と言えるものである。友だちから「わたしもそう思うよ」と言ってもらえれば、確信が持てるし、自信をもって全体の前で発表をすることができるのである。英語が苦手な生徒も生徒同士で意見を交流することにより、授業の内容についても考えるようになるし、友だちから刺激を受けることもできる。しかし、最近、先生方の中に、人間関係に過敏になりすぎて、一部の生徒同士でしかペア学習をしていない場合がある。また、男子同士、女子同士ならばペア学習ができるが、男女でのペアワークができにくい場合も見受けられる。たしかに、子どもの発達段階はあるものの、日ごろから誰とでもペアワークのできる集団を小学校でも中学校においても育てていきたい。

たくさん聞いて、英語に親しむ

　小学校では、聞く活動と話す活動が重視されている。その中でも聞く活動には十分に時間を取ってほしい。英語を聞く体験は重要だ。中学校では、さらに、本格的に「読むこと」の指導が始まる。小学校の間に、たくさんの楽しい英語に触れてほしい。また、多くの英語を聞いて、大意を捉える力がつけば、しめたものである。細かい文法事項は分からなくてもいい。大切なことは、聞こうとする姿勢と、大まかな意味を捉えようとする姿勢である。たくさんの英文を聞いて英語に親しんだ子どもであれば、聞こえてくる英語を、自分で分かろうとするし、自分で判断して応答するようになるのではないだろうか。聞くことへの抵抗感が減れば、「読むこと」、すなわち、文字化された英語の情報に抵抗感がなくなり、読む力へとつながる。そのために、小学校の授業の中で、多くの英語を聞かせてほしい。ICTを活用し、英語の絵本の読み聞かせをしたり、歌を聞かせるなどしたりして、楽しみながらたっぷり英語を聞くことができる環境を整えてほしいと思う。

間違いを恐れずに英語を口にする習慣

　英語を話せるようになるためには話す練習が必要で、当然、上達するまでに、何度も失敗することになる。失敗はだれでもしたくないもので、それは失敗すると誰かに笑われてしまうかもしれないという不安があるからである。でも、ミスを怖がって行動が萎縮してしまうと、そこから建設的な結果は生まれ

ない。失敗を怖がらない子どもを育てるためには、学級の雰囲気が大きくかかわっていると感じる。たとえ失敗してもみんながそれを受け入れてくれるという雰囲気があれば、自由に発言できるようになる。失敗を恐れずに、積極的に発言をしようとする生徒の育成は、失敗をしても許容してくれる学級の雰囲気が大切である。それは、小学校ばかりか、中学校の授業でもとても大切なことである。

家庭学習の習慣化

　中学校では、授業中にできなかった問題や繰り返し反復する練習を放課後や他の時間にとることがなかなかできない。なぜなら、放課後は先生方も生徒も部活動や生徒会活動などの諸活動があるからである。そこで、大切になってくるのが家庭学習である。私は毎日、練習プリントを作成し、新出単語の反復練習や文法練習をするように宿題を出している。しかし、子どもが家庭学習をする習慣が身に付けていないと、学習内容の定着度にかなりの偏りがみられるようになる。小学校で家庭学習の習慣を身に付けることが大切で、中学校からでは、その習慣を身についてるのは、とても難しい場合がある。そこで、まず、家庭学習の習慣を身につけるためにも宿題に取り組む習慣が大切であり、小学校でも家庭学習を習慣化するための工夫をお願いしたい。期待よりも何かお願いばかりになってしまったが、「英語」を介して小学校と中学校が今まで以上に子どもたちのために協力と連携を図ることができるのではないかとの期待から本文をまとめさせていただいた。

【机の数を減らしてスペース確保】

資 料 集

「外国語活動・外国語の目標」の学校段階別一覧表

外国語によるコミュニケーションにおける見方・考え方
外国語で表現し伝え合うため，外国語やその背景にある文化を，社会や世界，他者との関わりに着目して捉え，コミュニケーションを行う目的や場面，状況等に応じて，情報を整理しながら考えなどを形成し，再構築すること

目 標

	小学校第3学年及び第4学年 外国語活動	小学校第5学年及び第6学年 外国語	中学校 外国語
	外国語によるコミュニケーションにおける見方・考え方を働かせ，外国語による聞くこと，話すことの言語活動を通して，コミュニケーションを図る素地となる資質・能力を次のとおり育成することを目指す。	外国語によるコミュニケーションにおける見方・考え方を働かせ，外国語による聞くこと，読むこと，話すこと，書くことの言語活動を通して，コミュニケーションを図る基礎となる資質・能力を次のとおり育成することを目指す。	外国語によるコミュニケーションにおける見方・考え方を働かせ，外国語による聞くこと，読むこと，話すこと，書くことの言語活動を通して，簡単な情報や考えなどを理解したり表現したり伝え合ったりするコミュニケーションを図る資質・能力を次のとおり育成することを目指す。
（知識・技能）	(1) 外国語を通して，言語や文化について体験的に理解を深め，日本語と外国語との音声の違い等に気付くとともに，外国語の音声や基本的な表現に慣れ親しむようにする。	(1) 外国語の音声や文字，語彙，表現，文構造，言語の働きなどについて，日本語と外国語との違いに気付き，これらの知識を理解するとともに，読むこと，書くことに慣れ親しみ，聞くこと，読むこと，話すこと，書くことによる実際のコミュニケーションにおいて活用できる基礎的な技能を身に付けるようにする。	(1) 外国語の音声や語彙，表現，文法，言語の働きなどを理解するとともに，これらの知識を，聞くこと，読むこと，話すこと，書くことによる実際のコミュニケーションにおいて活用できる技能を身に付けるようにする。
（思考力・判断力・表現力等）	(2) 身近で簡単な事柄について，外国語で聞いたり話したりして自分の考えや気持ちなどを伝え合う力の素地を養う。	(2) コミュニケーションを行う目的や場面，状況などに応じて，身近で簡単な事柄について，聞いたり話したりするとともに，音声で十分に慣れ親しんだ外国語の語彙や基本的な表現を推測しながら読んだり，語順を意識しながら書いたりして，自分の考えや気持ちなどを伝え合うことができる基礎的な力を養う。	(2) コミュニケーションを行う目的や場面，状況などに応じて，日常的な話題や社会的な話題について，外国語で簡単な情報や考えなどを理解したり，これらを活用して表現したり伝え合ったりすることができる力を養う。
（学びに向かう力・人間性等）	(3) 外国語を通して，言語やその背景にある文化に対する理解を深め，相手に配慮しながら，主体的に外国語を用いてコミュニケーションを図ろうとする態度を養う。	(3) 外国語の背景にある文化に対する理解を深め，他者に配慮しながら，主体的に外国語を用いてコミュニケーションを図ろうとする態度を養う。	(3) 外国語の背景にある文化に対する理解を深め，聞き手，読み手，話し手，書き手に配慮しながら，主体的に外国語を用いてコミュニケーションを図ろうとする態度を養う。

5つの領域別の目標

	小学校第3学年及び第4学年 外国語活動	小学校第5学年及び第6学年 外国語	中学校 外国語
聞くこと	ア ゆっくりはっきりと話された際に，自分のことや身の回りの物を表す簡単な語句を聞き取るようにする。	ア ゆっくりはっきりと話されれば，自分のことや身近で簡単な事柄について，簡単な語句や基本的な表現を聞き取ることができるようにする。	ア はっきりと話されれば，日常的な話題について，必要な情報を聞き取ることができるようにする。
	イ ゆっくりはっきりと話された際に，身近で簡単な事柄に関する基本的な表現の意味が分かるようにする。	イ ゆっくりはっきりと話されれば，日常生活に関する身近で簡単な事柄について，具体的な情報を聞き取ることができるようにする。	イ はっきりと話されれば，日常的な話題について，話の概要を捉えることができるようにする。
	ウ 文字の読み方が発音されるのを聞いた際に，どの文字であるかが分かるようにする。	ウ ゆっくりはっきりと話されれば，日常生活に関する身近で簡単な事柄について，短い話の概要を捉えることができるようにする。	ウ はっきりと話されれば，社会的な話題について，短い説明の要点を捉えることができるようにする。

読むこと		ア 活字体で書かれた文字を識別し，その読み方を発音することができるようにする。 イ 音声で十分に慣れ親しんだ簡単な語句や基本的な表現の意味が分かるようにする。	ア 日常的な話題について，簡単な語句や文で書かれたものから必要な情報を読み取ることができるようにする。 イ 日常的な話題について，簡単な語句や文で書かれた短い文章の概要を捉えることができるようにする。 ウ 社会的な話題について，簡単な語句や文で書かれた短い文章の要点を捉えることができるようにする。
話すこと [やり取り]	ア 基本的な表現を用いて挨拶，感謝，簡単な指示をしたり，それらに応じたりするようにする。 イ 自分のことや身の回りの物について，動作を交えながら，自分の考えや気持ちなどを，簡単な語句や基本的な表現を用いて伝え合うようにする。 ウ サポートを受けて，自分や相手のこと及び身の回りの物に関する事柄について，簡単な語句や基本的な表現を用いて質問をしたり質問に答えたりするようにする。	ア 基本的な表現を用いて指示，依頼をしたり，それらに応じたりすることができるようにする。 イ 日常生活に関する身近で簡単な事柄について，自分の考えや気持ちなどを，簡単な語句や基本的な表現を用いて伝え合うことができるようにする。 ウ 自分や相手のこと及び身の回りの物に関する事柄について，簡単な語句や基本的な表現を用いてその場で質問をしたり質問に答えたりして，伝え合うことができるようにする。	ア 関心のある事柄について，簡単な語句や文を用いて即興で伝え合うことができるようにする。 イ 日常的な話題について，事実や自分の考え，気持ちなどを整理し，簡単な語句や文を用いて伝えたり，相手からの質問に答えたりすることができるようにする。 ウ 社会的な話題に関して聞いたり読んだりしたことについて，考えたことや感じたこと，その理由などを，簡単な語句や文を用いて述べ合うことができるようにする。
話すこと [発表]	ア 身の回りの物について，人前で実物などを見せながら，簡単な語句や基本的な表現を用いて話すようにする。 イ 自分のことについて，人前で実物などを見せながら，簡単な語句や基本的な表現を用いて話すようにする。 ウ 日常生活に関する身近で簡単な事柄について，人前で実物などを見せながら，自分の考えや気持ちなどを，簡単な語句や基本的な表現を用いて話すようにする。	ア 日常生活に関する身近で簡単な事柄について，簡単な語句や基本的な表現を用いて話すことができるようにする。 イ 自分のことについて，伝えようとする内容を整理した上で，簡単な語句や基本的な表現を用いて話すことができるようにする。 ウ 身近で簡単な事柄について，伝えようとする内容を整理した上で，自分の考えや気持ちなどを，簡単な語句や基本的な表現を用いて話すことができるようにする。	ア 関心のある事柄について，簡単な語句や文を用いて即興で話すことができるようにする。 イ 日常的な話題について，事実や自分の考え，気持ちなどを整理し，簡単な語句や文を用いてまとまりのある内容を話すことができるようにする。 ウ 社会的な話題に関して聞いたり読んだりしたことについて，考えたことや感じたこと，その理由などを，簡単な語句や文を用いて話すことができるようにする。
書くこと		ア 大文字，小文字を活字体で書くことにする。また，語順を意識しながら音声で十分に慣れ親しんだ簡単な語句や基本的な表現を書き写すことができるようにする。 イ 自分のことや身近で簡単な事柄について，例文を参考に，音声で十分に慣れ親しんだ簡単な語句や基本的な表現を用いて書くことができるようにする。	ア 関心のある事柄について，簡単な語句や文を用いて正確に書くことができるようにする。 イ 日常的な話題について，事実や自分の考え，気持ちなどを整理し，簡単な語句や文を用いてまとまりのある文章を書くことができるようにする。 ウ 社会的な話題に関して聞いたり読んだりしたことについて，考えたことや感じたこと，その理由などを，簡単な語句や文を用いて書くことができるようにする。

「外国語の言語材料」の学校段階別一覧表

			小学校第5学年及び第6学年 外国語	中学校 外国語
音声			次に示す事項のうち基本的な語や句，文について取り扱うこと。 (ア) 現代の標準的な発音 (イ) 語と語の連結による音の変化 (ウ) 語や句，文における基本的な強勢 (エ) 文における基本的なイントネーション (オ) 文における基本的な区切り	次に示す事項について取り扱うこと。 (ア) 現代の標準的な発音 (イ) 語と語の連結による音の変化 (ウ) 語や句，文における基本的な強勢 (エ) 文における基本的なイントネーション (オ) 文における基本的な区切り
文字及び符号／符号			(ア) 活字体の大文字，小文字 (イ) 終止符や疑問符，コンマなどの基本的な符号	感嘆符，引用符などの符号
語，連語及び慣用表現			(ア) 1に示す五つの領域別の目標を達成するために必要となる，第3学年及び第4学年において第4章外国語活動を履修する際に取り扱った語を含む600〜700語程度の語 (イ) 連語のうち，get up，look at などの活用頻度の高い基本的なもの (ウ) 慣用表現のうち，excuse me，I see，I'm sorry，thank you，you're welcome などの活用頻度の高い基本的なもの	(ア) 1に示す五つの領域別の目標を達成するために必要となる，小学校で学習した語に1600〜1800語程度の新語を加えた語 (イ) 連語のうち，活用頻度の高いもの (ウ) 慣用表現のうち，活用頻度の高いもの
文及び文構造／文，文構造及び文法事項			次に示す事項について，日本語と英語の語順の違い等に気付かせるとともに，基本的な表現として，意味のある文脈でのコミュニケーションの中で繰り返し触れることを通して活用すること。	小学校学習指導要領第2章第10節外国語第2の2の(1)のエ及び次に示す事項について，意味のある文脈でのコミュニケーションの中で繰り返し触れることを通して活用すること。
	文	a b c d e f	a 単文 b 肯定，否定の平叙文 c 肯定，否定の命令文 d 疑問文のうち，be 動詞で始まるものや助動詞 (can，do など) で始まるもの，疑問詞 (who，what，when，where，why，how) で始まるもの e 代名詞のうち，I，you，he，she などの基本的なものを含むもの f 動名詞や過去形のうち，活用頻度の高い基本的なものを含むもの	a 重文，複文 b 疑問文のうち，助動詞 (may，will など) で始まるものや or を含むもの，疑問詞 (which，whose) で始まるもの c 感嘆文のうち基本的なもの
	文構造	a b c	a [主語＋動詞] b [主語＋動詞＋補語] のうち， 　主語＋be 動詞＋名詞／代名詞／形容詞 c [主語＋動詞＋目的語] のうち， 　主語＋動詞＋名詞／代名詞	a [主語＋動詞＋補語] のうち， 　主語＋be 動詞以外の動詞＋名詞／形容詞 b [主語＋動詞＋目的語] のうち， 　(a) 主語＋動詞＋動名詞／to 不定詞／how (など) to 不定詞 　(b) 主語＋動詞＋that で始まる節／what などで始まる節 c [主語＋動詞＋間接目的語＋直接目的語] のうち， 　(a) 主語＋動詞＋間接目的語＋名詞／代名詞 　(b) 主語＋動詞＋間接目的語＋how (など) to 不定詞 　(c) 主語＋動詞＋間接目的語＋that で始まる節／what などで始まる節 d [主語＋動詞＋目的語＋補語] のうち， 　(a) 主語＋動詞＋目的語＋名詞／形容詞 　(b) 主語＋動詞＋目的語＋原形不定詞 e その他 　(a) There＋be 動詞＋〜 　(b) It＋be 動詞＋〜 (＋for〜) ＋to 不定詞 　(c) 主語＋tell，want など＋目的語＋to 不定詞 　(d) 主語＋be 動詞＋形容詞＋that で始まる節
	文法事項			a 代名詞 　(a) 人称や指示，疑問，数量を表すもの 　(b) 関係代名詞のうち，主格の that，which，who，目的格の that，which の制限的用法 b 接続詞 c 助動詞 d 前置詞 e 動詞の時制及び相など 　現在形や過去形，現在進行形，過去進行形，現在完了形，現在完了進行形，助動詞などを用いた未来表現 f 形容詞や副詞を用いた比較表現 g to 不定詞 h 動名詞 i 現在分詞や過去分詞の形容詞としての用法 j 受け身 k 仮定法のうち基本的なもの

（参考）小学校第3学年及び第4学年　外国語活動

(1) 英語の特徴等に関する事項
　　実際に英語を用いた言語活動を通して，次の事項を体験的に身に付けることができるよう指導する。
　ア　言語を用いて主体的にコミュニケーションを図ることの楽しさや大切さを知ること。
　イ　日本と外国の言語や文化について理解すること。
　　(ア) 英語の音声やリズムなどに慣れ親しむとともに，日本語との違いを知り，言葉の面白さや豊かさに気付くこと。
　　(イ) 日本と外国との生活や習慣，行事などの違いを知り，多様な考え方があることに気付くこと。
　　(ウ) 異なる文化をもつ人々との交流などを体験し，文化等に対する理解を深めること。

「外国語活動・外国語の言語活動の例」の学校段階別一覧表

	小学校第3学年及び第4学年 外国語活動	小学校第5学年及び第6学年 外国語	中学校 外国語
聞くこと	(ア) 身近で簡単な事柄に関する短い話を聞いておよその内容が分かったりする活動。	(ア) 自分のことや学校生活など、身近な事柄について、簡単な語句や基本的な表現を聞いて、それらを表すイラストや写真などと結び付ける活動。	(ア) 日常的な話題について、自然な口調で話される英語を聞いて、話し手の意向を正確に把握する活動。
	(イ) 身近な人や身の回りの物に関する簡単な語句や基本的な表現を聞いて、それらを表すイラストや写真などと結び付ける活動。	(イ) 日付や時刻、値段などを表す表現など、日常生活に関する身近で簡単な事柄について、具体的な情報を聞き取る活動。	(イ) 店や公共交通機関などで用いられる簡単なアナウンスなどから、自分が必要とする情報を聞き取る活動。
	(ウ) 文字の読み方が発音されるのを聞いて、活字体で書かれた文字と結び付ける活動。	(ウ) 友達や家族、学校生活など、身近で簡単な事柄について、簡単な語句や基本的な表現で話される短い会話や説明を、イラストや写真などを参考にしながら聞いて、必要な情報を得る活動。	(ウ) 友達からの招待など、身近な事柄に関する簡単なメッセージを聞いて、その内容を把握し、適切に応答する活動。
			(エ) 友達や家族、学校生活などの日常的な話題や社会的な話題に関する会話や説明などを聞いて、概要や要点を把握する活動。また、その内容を英語で説明する活動。
読むこと		(ア) 活字体で書かれた文字を見て、どの文字であるかやその文字が大文字であるか小文字であるかを識別する活動。	(ア) 書かれた内容や文章の構成を考えながら黙読したり、その内容を表現するよう音読したりする活動。
		(イ) 活字体で書かれた文字を見て、その読み方を適切に発音する活動。	(イ) 日常的な話題について、簡単な表現が用いられている広告やパンフレット、予定表、手紙、電子メール、短い文章などから、自分が必要とする情報を読み取る活動。
		(ウ) 日常生活に関する身近で簡単な事柄を内容とする掲示やパンフレットなどから、自分が必要とする情報を得る活動。	(ウ) 簡単な語句や文で書かれた日常的な話題に関する短い説明やエッセイ、物語などを読んで概要を把握する活動。
		(エ) 音声で十分に慣れ親しんだ簡単な語句や基本的な表現を、絵本などの中から識別する活動。	(エ) 簡単な語句や文で書かれた社会的な話題に関する説明などを読んで、イラストや写真、図表なども参考にしながら、要点を把握する活動。また、その内容に対する賛否や自分の考えを述べる活動。
話すこと [やり取り]	(ア) 知り合いと簡単な挨拶を交わしたり、感謝や簡単な指示、依頼をして、それらに応じたりする活動。	(ア) 初対面の人や知り合いと挨拶を交わしたり、相手に指示や依頼をして、それらに応じたり断ったりする活動。	(ア) 関心のある事柄について、相手からの質問に対し、その場で適切に応答したり、関連する質問をしたりして、互いに会話を継続する活動。
	(イ) 自分のことや身の回りの物について、動作を交えながら、好みや要求などの自分の気持ちや考えなどを伝え合う活動。	(イ) 日常生活に関する身近で簡単な事柄について、自分の考えや気持ちなどを伝えたり、簡単な質問をしたり質問に答えたりして伝え合う活動。	(イ) 日常的な話題について、伝えようとする内容を整理し、自分で作成したメモなどを活用しながら相手と口頭で伝え合う活動。
	(ウ) 自分や相手の好み及び欲しい物などについて、簡単な質問をしたり質問に答えたりする活動。	(ウ) 自分に関する簡単な質問に対してその場で答えたり、相手に関する簡単な質問をその場でしたりして、短い会話をする活動。	(ウ) 社会的な話題に関して聞いたり読んだりしたことから把握した内容に基づき、読み取ったことや感じたこと、考えたことを伝えた上で、相手からの質問に対して適切に応答したり自ら質問し返したりする活動。
話すこと [発表]	(ア) 身の回りの物の数や形状などについて、人前で実物やイラスト、写真などを見せながら話す活動。	(ア) 時刻や日時、場所など、日常生活に関する身近で簡単な事柄を話す活動。	(ア) 関心のある事柄について、その場で考えを整理して口頭で説明する活動。
	(イ) 自分の好き嫌いや、欲しい物などについて、人前で実物やイラスト、写真などを見せながら話す活動。	(イ) 簡単な語句や基本的な表現を用いて、自分の趣味や得意なことなどを含めた自己紹介をする活動。	(イ) 日常的な話題について、事実や自分の考え、気持ちなどをまとめ、簡単なスピーチをする活動。
	(ウ) 時刻や曜日、場所など、日常生活に関する身近で簡単な事柄について、人前で実物やイラスト、写真などを見せながら、自分の考えや気持ちなどを話す活動。	(ウ) 簡単な語句や基本的な表現を用いて、学校生活や地域に関することなど、身近で簡単な事柄について話す活動。	(ウ) 社会的な話題に関して聞いたり読んだりしたことから把握した内容に基づき、自分で作成したメモを活用しながら口頭で要約したり、自分の考えや気持ちなどを話したりする活動。
書くこと		(ア) 文字の読み方が発音されるのを聞いて、活字体の大文字、小文字を書く活動。	(ア) 趣味や好き嫌いなど、自分に関する基本的な情報を語句や文で書く活動。
		(イ) 相手に伝えるなどの目的を持って、身近で簡単な事柄について、音声で十分に慣れ親しんだ簡単な語句を書き写す活動。	(イ) 簡単な手紙や電子メールの形で自分の近況などを伝える活動。
		(ウ) 相手に伝えるなどの目的を持って、語と語の区切りに注意して、身近で簡単な事柄について、音声で十分に慣れ親しんだ基本的な表現を書き写す活動。	(ウ) 日常的な話題について、簡単な語句や文を用いて、出来事などを説明するまとまりのある文章を書く活動。
		(エ) 相手に伝えるなどの目的を持って、名前や年齢、趣味、好き嫌いなど、自分に関する簡単な事柄について、音声で十分に慣れ親しんだ簡単な語句や基本的な表現を用いた例の中から言葉を選んで書く活動。	(エ) 社会的な話題に関して聞いたり読んだりしたことから把握した内容に基づき、自分の考えや気持ち、その理由などを書く活動。

おわりに

　本書をここまでご一読いただきありがとうございます。ご感想、ご意見をお聞かせいただければ幸いです。「はじめに」にありますように、本小冊子は、小学校英語の内容をできるだけコンパクトに、そして、読者の皆さんに理解していただけるように、執筆者一同、それぞれが心がけてまとめたものでございます。

　現在、教育実践の在り様には、教師の経験に拠るだけでは良しとしないとの考え方がありますし、また、一方で、教育理論を大上段にふりまわして論ずる教育論には批判的であるなど、子どもの実態を踏まえた実践と理論のバランスがとれた教育活動、一歩進んで、理論と実践の架け橋、往還、融合が強く志向されている今日この頃です。どなたかがお話しされたことに、「理論なき実践は盲目的であり、実践なき理論は空虚である」といわれる所以かもしれません。

　本小冊子も理論編と実践編に分かれておりますが、理論と実践が歩み寄ることそのものが両者の架け橋であり、往還であり、融合であると考えます。その意味で、本書の読者の皆さんは、ご自分のおかれている所から、理論編と実践編を批判的に読まれ、目の前にいる子どもたちにとって、如何なる考え方、手立てが最も適切なものなのか判断いただき、本小冊子を活用していただければ幸いです。理論と実践をつなぐものは、ひょっとすると私たちの目の前にいる子どもたちの姿、子どもたちの実態にあるのかもしれません。

　最後になりましたが、本小冊子が学校で、また、これから小学校教員を希望する学生の皆さんのお役に立つことができることを願ってやみません。本小冊子を刊行するにあたり、直島町教育委員会教育長　原　貴　様には、多大なるご理解とご協力を賜りました。また、執筆依頼をご快諾いただいた執筆者の皆様、編著者が無理難題を申しましたことにも快くお引き受けいただきました。この場を借りで御礼申し上げます。ありがとうございました。

平成29年8月吉日

瀬戸内の穏やかな海を望みながら！

齋藤　嘉則

濵中　紀子

執 筆 者 一 覧

（所属は2017年8月現在）

編著者

齋藤　嘉則　　香川大学教職大学院 准教授（Ⅰ、Ⅱ、Ⅲ、コラム１）
濵中　紀子　　香川大学教育学部 非常勤講師（Ⅶ、Ⅷ、Ⅸ）
鈴木　　渉　　宮城教育大学 准教授（Ⅳ、Ⅴ、Ⅵ）

執筆者

植田　和也　　香川大学教職大学院 教授（Ⅹ）
大西　範英　　観音寺市立豊浜中学校 教諭（Ⅻ）
三木　正英　　直島町立直島小学校 校長（Ⅺ）
山下　美紀　　香川県教育センター主任指導主事（コラム２、３、４、５、６）

イラスト協力：佐々木啓祐（前高松市立香東中学校 校長）

写真協力：直島町立直島小学校
　　　　　宇多津町立宇多津北小学校

パステル画協力：鈴木祐子（観音寺市立豊浜小学校 教諭）
　　　　　　　　上枝真実（観音寺市立豊浜小学校 養護教諭）

編著者紹介

さいとう　よしのり
齋藤　嘉則

宮城教育大学大学院修了（英語教育専修）。宮城県公立中学校教諭、仙台市立中学校教諭、教頭、校長、仙台市教育局学校教育部教育センター指導主事、同教育指導課長、文部科学省初等中等教育局教科書調査官（外国語）、宮城教育大学教職大学院准教授を経て、現在、香川大学教職大学院准教授（授業力開発コース担当）、座右の銘は、Tomorrow is another day.

はまなか　みちこ
濱中　紀子

平成6年度から香川県直島町立直島小・中学校で、英語教育の研究指定や研究開発学校として実践し、現在は直島町教育委員会の学校指導主事としてその支援、また、県内外の学校の指導にもあたる。平成26年度から香川大学教育学部の小学校英語指導法に係る非常勤講師として教員養成に携わる。座右の銘は、Don't worry. Be happy.

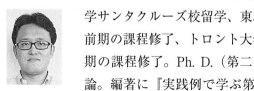

すずき　わたる
鈴木　渉

宮城教育大学准教授。宮城教育大学卒業後、カリフォルニア大学サンタクルーズ校留学、東北大学大学院教育学研究科博士課程前期の課程修了、トロント大学オンタリオ教育研究所博士課程後期の課程修了。Ph. D.（第二言語教育）。専門は第二言語習得理論。編著に『実践例で学ぶ第二言語習得研究に基づく英語指導』（大修館）がある。座右の銘は、Do it little by little.

小学校英語指導の実際
〜明るく、楽しく、確かな指導のために〜

2017年8月25日　初版
2020年9月16日　再版

編集　齋藤 嘉則　　濵中 紀子　　鈴木　渉

発行　株式会社　美 巧 社
　　　〒760-0063　香川県高松市多賀町1－8－10
　　　TEL 087-833-5811　FAX 087-835-7570

ISBN978-4-86387-134-2　C1037